HaffmansTaschenBuch 183

CHRISTOF STÄHLIN

Essays über Geschmack, Humor, Adel, Küsse und andere Gegenstände zwischen Poesie, Geschichte und Physik

HAFFMANS

DER ABDRUCK DER LIEDTEXTE
ERFOLGT MIT FREUNDLICHER GENEHMIGUNG
DES NOMEN+OMEN VERLAGS HECHINGEN.
NACH- UND HINWEISE AM SCHLUSS
DES BANDES.

Erstausgabe
VERÖFFENTLICHT ALS
HAFFMANSTASCHENBUCH 183, HERBST 1992
KONZEPTION UND GESTALTUNG VON
URS JAKOB

SATZ: FOSACO AG, BICHELSEE
HERSTELLUNG: EBNER ULM
ISBN 3 251 01183 9

1 2 3 4 5 6 – 97 96 95 94 93 92

Inhalt

Der Geschmack

EIN ÄSTHETENLAMENTO

EINE FRAU AUS MÜNCHEN ARBEITETE ALS HAUSHÄLTERIN BEI einem Psychoanalytiker, viele Jahre lang und in immer vertrauterem Verhältnis zur Familie. Das brachte mit sich, daß sie sich mehr und mehr die Gewohnheiten und auch den Geschmack ihrer Arbeitgeber zu eigen machte, der ihr anfangs fremd gewesen war. Auch bei sich daheim in der Wohnküche hörte sie nicht mehr die vertrauten Zitherklänge der Volksmusik aus dem Radio, sondern etwa festliches Barock. Die fröhlich gemusterten Vorhänge im Schlafzimmer wichen taubenblauen Stoffbahnen von edlem Uni.

Ihr Mann, ein Arbeiter, fand eines Sonntags beim Kaffeetrinken ein neues Service vor. Er drehte eine Tasse von reinweißer Schlichtheit und skandinavischem Design mit seinen kräftigen Fingern, sah hinein und sah rückwärts auf den Tassenboden, als suche er dort etwas. Dann schüttelte er den Kopf und seufzte resigniert: »Geh, oa Bleamal!«, auf hochdeutsch etwa: »Ach, hätte es nicht wenigstens ein einziges Blümchen sein können?«

Wer über Geschmack umfassend nachdenken wollte, bräuchte nichts weiter zu tun, als diese kleine Geschichte in der Hand zu drehen, von allen Seiten zu betrachten und seinerseits nach dem Blümchen zu suchen, das darauf zu finden ist oder eben nicht.

Ein Kältestrom aus einer fremden Geschmackswelt hat Eingang in das heimatliche Wohnzimmer dieses Mannes gefunden, er aber zeigt auf seine Weise durchaus Geschmack: Er reagiert ohne Zorn, aber mit feinem Spott, er hält an sich, er trifft die Sache, ohne zu verletzen. Ein einfacher Mann aus schlichten Verhältnissen, hätte man früher gesagt. Aber einfach und schlicht ist doch auch das dänische Tassendesign! Es geht nicht auf. Lassen wir uns zur endgültigen Verwirrung noch seinen Garten zeigen, und wie stolz ist er auf seinen Rasen! Kein einziges Blümchen. Warum soll auf der Tasse sein, was hier nicht sein darf?

Es macht Arbeit, den Rasen blumenfrei zu halten und Tassen zu bemalen, das Weglassen hier und das Dulden dort macht Arbeit überflüssig, und der Mann ist nun einmal Arbeiter.

Wie hochbrisant klang doch noch vor zwanzig Jahren dieses Wort »Arbeiter«! Hätten die Ausgebeuteten und Unterdrückten erst die Macht ergriffen, so wäre damit etwas Zentrales im Staat wie im Einzelnen zurechtgerückt. Die Richtigkeit an der Peripherie, in den Begleiterscheinungen des Lebens, würde sich wie von selber ergeben, und dazu gehörte auch der Geschmack als eine spätere Sorge und Nebensache.

Eine Philosophie, die erst ergänzt und dann abgelöst wurde durch das Wort »Lebensqualität« und was darum kreiste. Damit war die Frage gestellt nach der »real existierenden« Gestalt des Glückes hier und jetzt.

Wie man sich kleidete, was man aß, die Bilder und Möbel, mit denen man sich umgab, all das war nun der Nebensächlichkeit, aber auch der Selbstverständlichkeit enthoben, denn es war etwas daran ablesbar geworden, und nicht nur für andere. Die Werbung mit ihrem professionell verfeinerten Tastsinn für unterschwellige Nachfrage klebte immer mehr Geschmack auf ihre bunten Fahnen.

Eine Zigarettenmarke, die früher auf stadtbildprägenden Plakaten ausgemergelte Intellektuelle von markanter Weltläufigkeit hinter Rauchschlieren beim Zeitunglesen gezeigt hatte, warb später mit schnapstablettbewehrten bärtigen Biedermännern vor Eigenheim-Fachwerkidyllen mit dem autonomen Bausparer-Tagesbefehl: »In meinem Haus muß alles schmecken!«

Der neugewonnene Geschmack am Eigenen hatte intensiv zu tun mit der Frage »Wer bin ich?«, die samt ihrem individualistischen Pathos ganze kollektive Dachlandschaften gestaltete. »Welchen Eindruck macht das? Paßt dies zu jenem? Werde ich auch nicht mit den Falschen verwechselt?«

Wir würden nicht über Geschmack reden, wenn nicht so viel Unsicherheit damit verbunden wäre, eine Unsicherheit von versteckter politischer Brisanz. Denn sooft Geschmacksfragen auftauchen, macht damit ein System des Besseren und Schlechteren auf sich aufmerksam, was eigentlich gar nicht mehr sein sollte in einer demokratischen Gleichheitsgesellschaft. Aber Geschmack, nach wie vor und in erster Linie, ist eine Frage von oben und unten.

Zwischen hoch und tief scheint im Lauf der Geschichte ein großer Austausch stattgefunden zu haben. Zwar ist es nun nicht einfach so, daß früher alle einfachen Leute aus ungeblümten Tassen getrunken hätten und alle vornehmen aus geblümten, aber es ist etwas Wahres in der Umkehrung. Es hat einmal eine Zeit gegeben, da waren die Bauernstuben weiß gekälkt wie heute das Sprechzimmer des Psychoanalytikers, und die Schlösser waren innen über und über mit gemusterten Tapeten ausgekleidet wie heute die Arbeiterwohnung. Da tranken auch die kleinen Leute den Wein, den die Adligen zu sauer fanden, während man bei Hof das Milde und Liebliche am Wein schätzte. Und genau diese Eigenschaften zieren heute die wappengeschmückten 0,7-Literflaschen mit Prädikat, Kabinett und Auslese, zum Kopfschlackern der intellektuellen Kundschaft und zum Zungenschnalzen der Skatrunde am Freitagabend.

»Oben« und »unten« sind Metaphern und oft weit willkürlicher gewählt, als wir es wahrhaben wollen: das Feinere oben, das Gröbere unten, wie bei der Verteilung der Qualitäten von Leinwand und Mehl an Arme und Reiche. Warum aber bringen wir den Reichtum nicht mit dem unteren Teil der Vertikalen in Verbindung, was in aller Welt ist oben besser als unten?

Es ist der menschliche Körper, dem der Kopf wichtiger ist als der Bauch, dem die Lunge für edler gilt als der Darm. Der Körper wiederum steht der gesamten menschlichen Gesellschaft Modell, und beide zusammen den letztlichen Endstationen von oben und unten: Himmel und Hölle. Es herrscht dort jeweils ein ganz anderer Geschmack.

Im Himmel gehört dazu vornehme Kühle, ein dezentes Blau mit zurückhaltenden Gold- und Silberrändern. Die Seligen halten Abstand untereinander und schweben ohne Bodenkontakt durch den Raum, worin wir sogleich die abgehobene Welt theoretischer Gedanken wiedererkennen mitsamt dem distinguierten Abstand hochgestellter Leute.

Die Luft ist eher dünn, die Musik gedämpft, die Speise ist Manna, ein Gericht, das wir uns im Zweifelsfall eher weniger gewürzt, sättigend und variantenreich vorzustellen haben.

Wie blutvoll deftig dagegen die Hölle! Man läuft über gestampften Lehmboden, die Temperatur ist überheizt, die Besetzung ist kollektiv, der Lärm groß, und überall reichlich Fleisch! Es ist der Unterleib mit all seinen Gärungs- und Verbrennungsvorgängen und der Rücksichtslosigkeit seiner Leidenschaften, es ist das Gemeine als Gegenwelt des Vornehmen.

Der Körper als Bild für die Gesellschaft hat zum Vorteil, daß es auch umgekehrt funktioniert: Jedermann beherbergt in sich das gesamte Spektrum von oben und unten und fein und grob, so wahr die Vornehmen sich im Lauf der Geschichte als gemein erweisen konnten, und umgekehrt.

Als der junge Baron von Lahontan 1695 im Dienst der französischen Krone Kanada bereiste und die Stadt Quebec besuchte, bemerkte er in einem Bericht nach Hause zum dortigen Jesuitenkloster, daß die Väter gleich drei Eiskeller für ihren Wein unterhielten. In der Tat hätten die frommen Männer großen Bedarf an kühlem Getränk, um damit die Gluten der sinnlichen Leidenschaften in sich abzulöschen.

Die Leidenschaften und ihre Präsenz über die Andeutung hinaus oder gar ihr Ausleben, all das widersprach nicht nur religiöser Moral, sondern auch dem Ethos des Dezenten und Schlichten, was mit dem guten Geschmack und seinem Anspruch von vornherein einherging. »Bitte nicht zu nah!« flehte dieser Geschmack, und nahm den Ausdruck niederen Feuers erst wieder an den Göttern der Antike gerne wahr, entrückt und verklärt in der duftigen Ferne Arkadiens. Nicht aber in strotzenden Abbildern von Blut und Liebe, die sich hautnah entladen.

Prinz Charles sagte im September des vergangenen Jahres auf einer Video-Messe zum Entsetzen der Produzenten, es sei beklagenswert, wie stark in den letzten zwanzig Jahren der gute Geschmack zurückgegangen sei, und meinte damit Porno- und Gewaltdarstellungen. Er sprach nicht im Namen von kirchlicher oder gesetzlicher Moral, diese Instanzen waren von jeher Gegner solcher Anblicke, sondern er machte eine dritte Autorität geltend, der man sich vergleichsweise schwer entziehen kann: den Geschmack. Frömmelnd und moralisch will ja niemand sein, aber geschmacklos?

Wohlbemerkt und nebenbei, die ironische Überheblichkeit über den Wunsch, guten Geschmack zu haben, die in der Geschmacksdebatte der letzten Jahre keinen geringen Raum einnimmt, ist ja auch nichts anderes als wiederum der gute Geschmack, bloß eben aufgestockt und eine Umdrehung weiter. Denn Geschmack dient als Kontrastmittel. Zunächst hebt er ab von der Masse der Geschmacklosen, dann aber, getarnt als bewußte Geschmacklosigkeit, von der Masse derer, die nach Geschmack streben. Auch, wenn Geschmack schlecht sein soll, will er gut sein. So schwer entkommt man dem Geschmack.

»Gut«, in diesem Wort treffen sich ein frommer, moralischer Mensch und ein Feinschmecker. Beim einen kommt die Güte von seiner Tugend, beim andern ist die Güte eine Eigenart des Genossenen, jedenfalls zunächst. Denn die Geschichte von Wort und Begriff Geschmack bringt es mit sich, daß die Tugend eines Genußmittels auf den übergeht, der es genießt. Zuerst hat nur der Apfel Geschmack, dann auch der Esser, der sich den Apfel ausgesucht hat. Ein Tugendsamer kann die Einflüsterungen von Engeln und Teufeln auseinanderhalten, ein Geschmackvoller kann aus einer Vielfalt unterschiedlichster Dinge das Gute zielsicher herausgreifen.

Zwei Freundinnen besuchen unabhängig voneinander eine Boutique. Die eine kommt wieder heraus, ohne etwas gekauft zu haben, die andere aber, nach ihr, mit einem Kleid, das ihr sehr gut steht. Wo sie das herhätte, wird sie von der ersten gefragt. Aus derselben Boutique, wo sie selber doch eben auch war. Und auch ihr hätte das Kleid sehr gut gestanden, aber sie fand es erst gut, als es schon herausgefunden war und am Leibe getragen wurde, von einer Frau, die ihr durch die gestaltende Kraft vorausschauender Phantasie überlegen war, und eben dies ist der gute Geschmack. Ein Gegenstand großer Nachfrage derzeit, und zwar an denselben Stellen, wo man sich nach Freisetzung seiner kreativen Kräfte sehnt.

»Alles aus meinem Weg!« befiehlt das Durchsetzungsvermögen. »Alles in Reih und Glied!« kommandiert der Ordnungssinn. »Alle Teile bestmöglich zusammenwirken!« wünscht sich das Organisationstalent. Und der gute Geschmack, der im 17. Jahrhundert auch »l'esprit fort«, »der starke Geist« hieß? »Wenige Dinge aus den vielen hervortreten lassen, sie zusammenstellen und etwas Neues bilden, als ob es schon immer so gewesen wäre!« Die drei ersten Eigenschaften haben den denkbar größten Einfluß auf unsere Öffentlichkeit, denn ihre Energien kann sich jedermann mehr oder weniger aneignen. Wie aber kommt man zu einem guten Geschmack? Wer sind wir, wenn wir einen haben wollen? Noch früher angesetzt: Wie kommt der Geschmack als einer der fünf Sinne dazu, gut sein zu können und so viel mehr zu bezeichnen als das, wofür er von Haus aus zuständig wäre?

Was uns so selbstverständlich ist, nämlich vom Geschmack in übertragenem Sinne zu sprechen, ist in Wirklichkeit erst etwa dreihundert Jahre alt und ein französischer Import. Bis dahin war bei uns der Geschmack reine Zungen- und Gaumensache, in Frankreich dagegen galt er schon lange als Begriff für eine bestimmte Haltung, die auf alle Lebensbereiche übertragbar war. Man wollte damals sehr französisch sein hierzulande, und es gab lebhafte Debatten, ob wir ungehobelten Germanen so etwas wie einen deutschen »bon goût« überhaupt haben können. »Guter Geschmack«, das klang zunächst wie eine plumpe Verdeutschung, wie Weinbrand statt Cognac. Bis Anspruch und Ausdruck selbstverständlich waren und ihren romanischen Ursprung vergessen machten.

»Romanisch« als nationaler und kultureller Sammelbegriff heißt letztlich römisch, nämlich von der antiken römischen Großstadtkultur geprägt, die sich durch das Weltreich über die Provinzen ausgebreitet hat. Sehr vergnüglich liest sich bei dem Philosophen Fichte, warum wir Deutschen die romanischen Nachbarländer so bewundern. Ja, tröstet er, deren Art ist zwar von einer faszinierend schillernden Schönheit, aber doch von der halbseidenen Art einer Mischkultur, die ihre ursprüngliche Eigenart dem römischen Joch geopfert hat. Anders als die treulosen Gallier hätten wir Germanen uns eben nicht angepaßt, sondern treu zu unserer rauhen und konsonantenreichen Sprache, zu Met, Zopf und Wollwams gestanden. Da sehnten wir uns freilich nach den geschmeidigeren Genüssen der Romanen in Italien und Frankreich! Hinfahren immer, aber nicht artvergessen, und schon gar nicht selber so sein wollen!

Aber auch die Römer waren einmal Nachahmer eines kultivierteren Geschmackes als des ihren, des griechischen, und noch ist kein Ende der Kette in Sicht. Den friedlichen und hochverfeinerten Kretern müssen die blutrünstigen griechischen Eroberer aus dem Norden als wahre Missionare des Barbarischen erschienen sein. Die Griechen nahmen die überlegene Kultur der Kreter in sich auf und fanden sich selber dann nicht mehr barbarisch, so wenig wie später die Römer. So zog sich eine Straße der Macht und des Geschmackes mit kulturellem Verachtungsgefälle durch die Alte Welt, denn dem Willen zur Macht folgt der Wille zum Geschmack auf dem Fuß, auch wenn es nicht der eigene ist. In der Neuzeit zog sich diese Straße, mit Ausläufern und Parallelen, mit Zuströmen von Byzanz und Arabien, von Italien nach Spanien, von da über Frankreich nach Deutschland und über Polen und Rußland bis in die Mongolei. Dort kam die barbarische Einschätzung der Nachbarn zum Stillstand, weil die chinesische Hochkultur mit umgekehrtem Verachtungsgefälle im Wege war.

Bestimmend aber blieb die riesige alte römische Macht für unsere Welt, und sie hallt, wenn man Fichtes Sprachherleitung folgt, in einer ganzen Wortfamilie nach: romanisch, romantisch, Roman, Romanze. Dazu kommt »römisch« als Bezeichnung einer Kirche, die schließlich, wenn man sie so sehen mag, auch eine ganze Geschmackswelt transportiert. An einem hohen Feiertag in einem Dom in Gegenwart eines Kardinals die Messe gefeiert zu sehen: Das ist, mit allen Gerüchen, Klängen, Gewändern, mit der ganzen zentral präsentierten Hierarchie, eine unmittelbare Konfrontation mit dem Kult der spätantiken Weltmetropole, getränkt von orientalischem Herrschaftsritus und sinnlich entfaltetem Mysterium.

Der Protestantismus übrigens, mit Fichte und dazu durch eine ihm fremde Brille profaner Relativierung gesehen, war geschmacklich eine Befreiung des trockenen und redefreudigen, aufrechten und rechtsbeflissenen Germanentums von der Überfremdung durch welschen römischen Geschmack, der durch die Erschütterung der Umwälzung von der neuen Konfession gleichsam von selber mit abgefallen ist.

». . .aber mit Gusto!« So sagt man in Bayern, begleitet

von einer wiegenden Handgeste aus geschürzten Fingerspitzen, um eine besonders feine Zubereitungsart anzudeuten. Die Geste gehört zu einer Sprache der Arme und Hände, die die romanische Geschmacksstraße begleitet und hier wohl aus Italien kommt, wie das Wort gusto.

Die Franzosen übernahmen »el buen gusto«, den guten Geschmack als Begriff, von den Spaniern, die ihnen im 17. Jahrhundert die europäische Vormachtstellung auch in Mode und Geschmack abtreten mußten.

Der spanische Jesuit Gracián veröffentlichte im Jahr 1647 sein »Hand-Orakel und Kunst der Welt-Klugheit« als ein Brevier weltmännischer Lebenskunst, in dem auch dem guten Geschmack ein Kapitel gewidmet ist. Das Werk verbreitete sich in Frankreich rasch und in mehreren Auflagen unter dem Titel »L'homme de cour«, »Der Mann bei Hofe«, eine falsche, aber bezeichnende Übersetzung. Das Buch stammte weder von einem Hofmann, noch richtete es sich an solche. Aber offenbar versprach sich der Verleger Absatz bei Leuten, die nach Art des Hofadels leben wollten.

Bildung, Stil, Geschmack und Benehmen bildeten gleichsam die Fähre, mit der das Privileg der Vornehmheit auf das bürgerliche Ufer übergesetzt wurde, zur Emanzipation einer stetig sich ausweitenden Besitzschicht von der Standesgeburt. Bis heute ist gesellschaftlicher Aufstieg mit dem Wunsch nach den ätherischen Begleiterscheinungen der Leute verbunden, denen man sich gleichstellen will.

Aber jede Nachahmung läßt etwas offen, um das man sich vergeblich bemüht, sei dies nun ein bevorzugter Stand oder eine fremde Nationalkultur. Dieser rätselhafte Rest hatte einen Namen und hieß in Frankreich das »Je ne sais quoy«, das »Ichweißnichtwas«, das in der deutschen Studentensprache zur Andeutung von Anzüglichkeiten verkommen und dann später, als »das gewisse Etwas«, wieder aufgetaucht ist. Etwas Rätselhaftes jedenfalls, das zur Abrundung des Charaktergeschmackes notwendig war und ohne das man die einzelnen Zutaten herausgeschmeckt hätte. Es war, »chymisch« gesehen, etwas wie die fünfte Essenz, die Quintessenz, die den vorfindlichen vier Stoffen zum Stein der Weisen noch fehlte.

»Denn wie kommt's doch, daß wann von uns Teutschen jemand nach Frankreich reiset, . . . auch perfekt parlieret und seine Reverentz so gut als ein leibhaftiger Frantzos zu machen weiß, er dennoch gemeinglich als ein einfältig Schaf ausgelachet wird!« So schreibt der junge Aufklärungsgelehrte Thomasius aus Halle in seiner Schrift »Von der Nachahmung der Franzosen« (1695).

»We can copy anything«, »wir können alles nachmachen«, sagte der berühmte Douglas R. Hofstadter 1984 in Wien auf einer Tagung, als er über die Interpretation von Musik durch künstliche Intelligenz sprach, und dann kam die Ausnahme: »except, maybe, gracefulness.« ». . . außer vielleicht . . .«, ja was jetzt? Das gewisse Etwas, die Begnadung, Anmut, die Grazie.

Der Franzose mache, so schreibt Thomasius in seiner Auflistung weltmännischer Tugenden, viel Wesens »d'un homme honette, d'un homme savant, d'un bel esprit, d'un homme de bon goust, et d'un homme galant«. Das sei, so übersetzt er, »ein ehrlicher, gelehrter, vernünftiger, kluger und artiger Kopf«. »De bon goust«, was wir mit »geschmackvoll« wiedergeben würden, heißt bei ihm also »klug«.

»Sei klug, habe Geschmack!« Das klingt uns sehr fremd und muß doch einmal logisch geklungen haben. Könnten an der Autobahn Werbetafeln für die Richtgeschwindigkeit stehen, die lauteten: »Wer Geschmack hat, fährt 130!«? Das wäre allerdings ganz im alten Sinn des Wortes, der die Zügelung der unteren Antriebe mit dem guten Geschmack wie gesagt untrennbar verbunden hatte. Der fahrbare Untersatz ist in diesem Sinn, mit Durst, Verbrennung, Gas und Getriebe, der beschleunigte Unterleib selber.

Aber die Autobahn ist öffentliches Terrain, der Geschmack dagegen Privatsache und damit Glückssache. »Glückssache«, das könnte auch ein amtlicher Stempel sein wie »Verschlußsache«, wenn sich nicht Glück und Öffentlichkeit förmlich ausschlössen, von Prunksitzungen und Lottoziehungen einmal abgesehen. Denn infolge jener revolutionären Umwälzungen, die das Glück öffentlich machen sollten, ist es zur Privatsache geworden, und damit zu einer Domäne der Unsicherheit. Denn es entzieht sich allen übergreifenden steuernden und hemmenden Instanzen.

Die Fürstenhöfe der vorrevolutionären Weltordnung waren auch Orte geschmacklicher Sicherheit und Orientierung, wobei die Fürsten selber weniger Geschmack hatten, als daß sie sich einen hielten, in Gestalt von Künstlern und Fachleuten. Und danach richtete man sich, wenn auch mit zeitlichen Verschiebungen und Varianten, durch alle Stände, und wenn auch der Hofgeschmack in der Spätzeit als modische Oberflächlichkeit von bürgerlichen Ästheten verächtlich gemacht werden konnte.

Herrschaft gibt Sicherheit im gleichen Maß, wie sie Freiheit nimmt. Wenn bei uns Sicherheit mit Freiheit in einem Atemzuge genannt wird, so ist es ja nun keine geschmackliche Sicherheit, die damit gemeint ist. Sie hatten es aber auch leichter als wir, Geschmack zu haben, die wir vergleichsweise herrschaftsfrei leben. Unsere Freude an alter Kunst, das Entzücken beim Anblick venezianischer Architektur oder beim Hören eines brandenburgischen Konzertes, das alles ist auch die versteckte Sehnsucht nach der gleichsam ferngesteuerten Sicherheit und Selbstverständlichkeit, die aus den Fugen strömt, und nach der Geborgenheit abgenommener Entscheidungslast. Dazu kommt freilich, verfälschend, auch noch die Entlastung um alles, womit diese Geborgenheit erkauft war, die Fürstenwillkür, die Entwürdigung, die Rechtlosigkeit. Die Piazzetta in Venedig entzückt uns, weil wir das Blutgericht nicht mehr sehen, das dort stattfand.

Die Stile der Inneneinrichtung waren zuletzt nach Frankreichs Herrschern benannt: Ludwig XV., Ludwig XVI., Direktorium, Kaiserreich. Und dann, als letzter Nachschub feudalistischer Stilsicherheit, das Biedermeier, genauer: der Biedermeier. Er ist niemand anderes als eine Allegorie der bürgerlichen Mehrheit, die Kaiser und Könige abgelöst hat. »My home is my castle« heißt auf den ersten Blick und mit Betonung auf dem zweiten Begriff, daß jemand seine Wohnung als Schloß empfindet. Auf den zweiten Blick aber und mit Betonung auf »home« ausgesprochen, erkennt man, daß sich da ein Schloß in eine Bürgerwohnung verwandelt hat.

Ein Biedermeierwohnzimmer enthebt uns noch aller Geschmacksprobleme, indem es sich gleichsam von selber einrichtet. Danach aber kam, was es in bürgerlichen Familien am Samstag als »résumé de la semaine«, als »Wochenrückblick« zu essen gab, nämlich von allem Gehabten ein Rest. Um die Mitte des vorigen Jahrhunderts wurde ein stilistisches Quodlibet aus allen verflossenen Epochen aufgetischt: maurisch, altdeutsch, chinesisch, Rokoko, später Jugendstil, Eingeborenenkunst, heute Bauhaus, Bauernhaus, Ikea. Ein Sammelsurium, bei dem die Kunst der Auswahl und Zusammenstellung, genuine Leistung des herstellenden Geschmacks, ein ganz neues Gewicht gewann. Denn je verschiedenartiger die Bestandteile, desto schwieriger, etwas daraus zusammenzustellen, was sich gegenseitig hervorhebt. Wer hat nicht in seiner Schülerzeit das endlich erlangte eigene Zimmer durch ewiges Umstellen der Einrichtungsgegenstände wohnlich und stilvoll zu machen versucht?

Von dem einen, jeweils gültigen Stil zu den vielen, nebeneinander her möglichen Stilen, das war eine Entwicklung, die den Geschmack selber ebenso betraf.

»Ehemals hatte man *einen* Geschmack, nun gibt es Geschmäcker. / Aber sagt mir, wo sitzt dieser Geschmäcker Geschmack?«

So rätselt Schiller in den Xenien. Wenn es mehrere gleichberechtigte Geschmäcker nebeneinander gibt, welcher unter ihnen ist dann vorzuziehen und nach welchen Gesichtspunkten? Nach geschmacklichen natürlich.

Das Vertrackte dabei ist heute: Unter einer Schicht gleichberechtigter Geschmäcker, die sprichwörtlich verschieden sind und über die man nicht zu streiten braucht, weil man es gar nicht kann, gibt es eben doch den einen gültigen Geschmack, in verschiedenen Graden gewertet und abgestuft, und zwar in umgekehrter Steigerung wie bei »Familie«: besserer, guter, und dann als Nonplusultra, schlicht Geschmack. Über diesen Geschmack, und wer sein Prädikat verdient, darüber müßte man freilich streiten, tut es aber nicht, weil die Geschmäcker ja verschieden sind. Es ist wie bei einem übermalten Gemälde: Die untere Schicht mit dem einen Geschmack kommt aus der Fürstenzeit, die uns so unter die Haut geht, weil sie dort eben noch sitzt. Die Übermalung wäre die demokratische Vielfalt gleichberechtigter Geschmäcker. Man bräuchte bloß daran zu kratzen, und schon wäre es ein Stück Restauration.

»Hübsch« sagen wir noch, und haben vergessen, daß das Wort vor langer Zeit einmal »höfisch« bedeutete, »schön wie bei Hofe«. Das Gesicht einer Hofdame taucht auf und mit ihm die alte Verbindlichkeit des Geschmacks. Wir fügen uns gerne und können nicht anders, als ein Gesicht hübsch zu finden, was so vielen anderen auch so erscheint. Als hätte die Autorität eines Haushofmeisters eine versteckte Klammer gelegt um unsere vielen individuellen

Geschmäcker. Wären diese Geschmäcker lebendige Wesen, so wären es keine anderen als die Bürger unserer Republik, wir alle selber.

So ist der Geschmack zwischen zwei Zeiten und ihre Herrschaftsformen geraten, und obendrein wird er zermahlen zwischen zwei Zuständigkeiten, nämlich einer privaten und einer öffentlichen. Er gilt als Privatsache, aber im öffentlichen Bereich werden Geschmacksentscheidungen sehr wohl getroffen, weil Geschmack zu den Dingen gehört, die sich jedermann selber zutraut.

Wer hat verfügt, daß durch unsere grasgrünen Landschaften anthrazitfarbene Teerstraßen führen? Würde man Anthrazit zu Grasgrün tragen und nicht vielmehr ein helles Grau? Wer hat befohlen, daß unsere Zöllner, wenn's kalt wird, fernab jeder körpernahen Linienführung sackartig vermummt werden, als wäre der Mangel an Eleganz ein Beitrag zur inneren Sicherheit der Beamten? Wer hat die Industrie ermächtigt – mit der grandiosen Wanderausstellung »Grün kaputt« zu fragen –, unser Land mit Häßlichkeit zu überziehen? Wer hat unser schönes Fünfmarkstück damals durch einen metallenen Wertchip ersetzt? Sind wir gefragt worden? Geschmack ist Währung und gängige Münze, wie auch immer die Münzen aussehen.

Ein schöner Grabstein macht den Toten nicht lebendig, der darunter liegt, aber er bestimmt die Landschaft des Friedhofs. Darin zu sitzen, mag einen immer noch besinnlich machen, wenn auch nicht so sehr über die Vergänglichkeit des Erdendaseins als über das Äußere dieser Steinmetzarbeiten, derzeit lauter amorphe Rustikal-Steintrümmer mit hochpolierter Glanzfassade.

Geschmack führt zu nichts, er stellt vielmehr etwas dar, er ist es gleich selber, und man kann ihn nicht mehr abziehen von seinen Ergebnissen, um zu sehen, was übrigbleibt. Würde man von der Amalienburg im Nymphenburger Schloßpark den Geschmack abziehen, so wäre sie nicht von plötzlicher Häßlichkeit, sondern verschwunden. Geschmack ist vielleicht nebensächlich, aber definitiv.

Er hat gleichsam keine Griffe dran, um ihn einzusetzen oder wegzuschmeißen, das macht ihn unbeliebt und verdächtig. Für Zustände will niemand zuständig sein, während sich alle Welt für dynamische Prozesse als kompetent einschätzt. »Wohin führst du?« Das darf man fragen. »Wer bist du?« Diese Frage aber wird förmlich exorziert von den Priestern des Fortschritts und der Vorläufigkeit seiner Stationen. Der »Schritt in die richtige Richtung« ist in aller Munde, der Spaziergang aber ist suspekt, weil er schon eine Form des Aufenthalts darstellt und somit im Wege steht.

Ein rumänischer Bekannter war mit Korb und Küchenmesser in einem verwilderten Tälchen vor unserer Stadt unterwegs. Was er da mache? Er suche Pilze, von denen er dort, oben im Gebüsch versteckt, eine Kultur angelegt habe. »Und«, frage ich ihn scherzhaft, »haben diese Pilze eine besondere Wirkung?« »Natürlich«, gab er zur Antwort. »Sie schmecken gut!«

Ein kleiner Platz am Ortsrand eines fränkischen Dorfes, wo mehrere Straßen zusammenlaufen, hätte heißen können: Am Gänswasen, Rote Erde, Zehntscheuerplatz, Beim Gottesacker, so die Anträge einer Bürgerinitiative. Nun heißt er auf Gemeinderatsbeschluß Sternplatz, als das kleinste gemeinsame Vielfache des geschmacklichen Konsenses, das mit Vorliebe zum Putzigen (Aschenputtelweg) oder zum Gigantischen (Europaplatz) drängt, je nachdem, ob das Kleinste oder das Vielfache gerade zum Zuge gekommen ist. So, wie die Bagger den Platz planiert haben, so tut es der Ratsbeschluß mit den schönen Unebenheiten der deutschen Sprache und schwört sie ein auf ein belangloses Mittelmaß, das weder schmeckt noch geschmacklos ist.

Der Name Sternplatz leuchtet rasch ein und wird entsprechend schnell seine Mehrheit gefunden haben. (Und gleich daneben läge doch der »Stern«, durch schlichtes Weglassen von »-platz« zum Funkeln gebracht, da werden die Straßen zu Strahlen. »Ich wohne am Stern«, da ist der Sternplatz ein Tintenklecks dagegen). Wie überhaupt die Entscheidungen der Mehrheit, zum Triumph der Bild Zeitung, auf eine gigantische Förderung dessen hinauslaufen, was schnell ankommt. Weil die raschen Reize bei jedermann im Vordergrund stehen und am ehesten ansprechen, machen sie auch in akuten Entscheidungssituationen das Rennen. Geschmack ist eine Frage der Zeit.

Wo Thomas Mann von der Bildung gesagt haben soll: sie werde nicht erlernt, sondern gleichsam inhaliert, das macht auch den Geschmack zu einer Sache der Erziehung, und damit der Zeit. Die alten Privilegien der Oberschicht sind weitgehend demokratisiert: Hinter dem Eigenheim kommt das Schloß, hinter dem Auto die Kutsche, hinter der Geliebten die Mätresse und hinter dem Jagdschein die Gewalt über Leben und Tod zum Vorschein. Nur die Verfügung über das Privileg der Zeit, wie sie der Geschmack braucht, um sich zu bilden und zu ändern, entzieht sich dem Zugriff.

Und genau hier liegt die unwiderstehliche magische Kraft der Antiquität: Sie ist käufliche Tradition, käufliche geschmackliche Sicherheit, käufliche Zeit, die man selber nicht durchgemacht hat.

Das Privileg der Erziehung zum Geschmack, ins Demokratische übertragen und jedermann zugänglich, hätte viel mit der Zeit zu tun, die sich jemand selber dafür läßt.

Die Autorität der Vergangenheit in Geschmacksdingen ist unanfechtbar. Geschmacklose echte Antiquitäten sind unvorstellbar, so sehr wird die wehrlose alte Zeit durch unsere Sehnsüchte verfälscht. Unbestritten ist auch ein absoluter Mangel an Geschmacksautorität in der Gegenwart. Heutigkeit gilt als häßlich, als müßte das so sein. Ein Geschmacksministerium ist nicht denkbar.

Es herrscht auch in der Bevölkerung eine wahre Allergie gegen Bevormundung auf allen Gebieten privater Souveränität, ein Zeichen dafür, wie dicht uns der Obrigkeitsstaat noch im Nacken sitzt. Entsprechend groß ist die Angst, belehrend zu wirken, bis hin zu den Lehrern selber. Aus Angst vor Besserwisserei wollen wir gar nichts mehr wissen, auch nicht vom guten Geschmack, sofern es nicht der eigene ist. Und den darf niemand selber von sich behaupten, daß er ihn hätte, so hoch ist immer noch und trotz allem das Lob, das mit diesem Prädikat verbunden ist.

So gibt es den guten Geschmack einerseits, andererseits gibt es ihn wieder nicht. Er ist eine Art verdächtiges Objekt der Sehnsucht und wird je nach Bedarf beansprucht oder ausgeblendet.

Zwischen zwei Epochen, zwischen zwei Zuständigkeiten, und nun gar noch in zwielichtiger Anerkennung seiner Existenz überhaupt ist er Zeuge für eine Spaltung, die in noch ganz andere Tiefen führt und noch ganz andere Lebensbereiche betrifft.

Es gibt zwei große Meinungslager in der Bundesrepublik, ein konservatives und ein progressives, mit Ansätzen zu einem dritten, das alles in Bewegung bringt. Analog dazu, wenn auch keineswegs deckungsgleich, gibt es zwei Lager des Geschmacks: das eine fürs Volk, das andere für den besseren Rest. Im Vergleich dazu sind die Meinungen, die Konfessionen, die armen und reichen Länder nur bedingt als gespalten anzusehen, denn die reden ja miteinander.

Wer aus der hochgeschraubten Kunstszene kümmert sich denn schon um die Leute, die dem Ölbild-Segelschiff mit der türkisenen Bugwelle und der Zigeunerin mit dem Kirschenmund anhangen? Es sind dies gleichsam die deutschen Türken des Geschmacks, die verständnislos bis erbost reagieren, wenn immer nur auf sie herabgeschaut wird, sofern man sie überhaupt zur Kenntnis nimmt.

Die Avantgarde, die Vorhut also, ist doch zu Beginn des Jahrhunderts nicht vorausgeschickt worden, um, vom lästigen Massengeschmack befreit, in abgehobenen Galerien zu zirkulieren, sondern um dem großen Haufen zu zeigen, wo es langgehen könnte, so zögernd die Massen auch folgen mochten. Die moderne Kunst ist aufgebrochen mit dem Anspruch, die neue Kunst überhaupt zu sein, und keineswegs unter Verzicht auf Popularität von vornherein.

Aber es scheint eine Meinung zu herrschen mit dem Diktat, Kunst habe entweder unverständlich oder kritisch zu sein, um ernstgenommen werden zu können. Diese Meinung hat mehr Spott verdient als eine Kaufhaus-Kunstabteilung, denn sie ist nicht einmal mehr kitschig-kommerziell, sondern von einer Borniertheit, gegen die man das Recht auf Unverständlichkeit und Kritik in der Kunst in Schutz nehmen muß. Denn sie erspart letzten Endes der Kunst das Kritische und der Kritik das Künstlerische, wobei sie sich um die Gunst des breiten Publikums gar nicht mehr zu bemühen braucht.

Der Wunsch nach Auffälligkeit und Neuigkeit in einer Welt aus auffälligen Neuigkeiten kann sich nur zufriedenstellen, indem er zu immer schärferen Mitteln greift, bis diese eben eines Tages ausgereizt sind, das ist in der Avantgarde-Kunstszene und bei der Bildzeitung erstaunlich ähnlich. Aber Schärfe stumpft ab, und wenn sie nicht selber abstumpft, dann stumpft sie eben das Publikum ab, oder macht es süchtig durch Gewöhnung. Es ist dies die Betäubung des Bewußtseins, mit anderen Worten die Anästhesie, die mit dem Unästhetischen, das ihr entgegenwirken soll, nicht nur sprachlich in engem Zusammenhang steht.

Es bräuchte eine dritte, unabhängige Instanz, eben einen Geschmack, der sich der festgefahrenen Situation gar nicht fügt, sich der weiten Gefilde des Nicht-Sensationellen, der schmackhaften Unscheinbarkeit annimmt, ohne gleich Profit aus ihnen ziehen zu wollen. Man muß es bereits dazusagen: Ein lächelndes Kind darzustellen, ist nicht sentimental, ein frischer Sonnentag im Frühling hat mit Waschmitteln überhaupt nichts zu tun, ein Abendrot ist nicht kitschig, Wärme ist nicht reaktionär. Es ist nur die Frage, ob man das ganze Thema des alltäglichen Glücks wirklich kampflos der Verwertung und Vergällung überlassen soll und damit den größten Teil der Bevölkerung, was den Geschmack anbetrifft, einfach alleine lassen will. Ist Glück für die Blöden?

Von allen Teilen des Apfels ist das Kerngehäuse mit der Einbettung des Samens sicher der schärfste und besonderste Teil. Aber alles, was außenherum ist, als nebensächlich abzutun, geht an der Sache vorbei, nämlich am Geschmack. So auch beim Thema der körperlichen Liebe, die wie ein Apfel aus der Umhüllung ihrer Zentralen Partien nachgerade besteht. Sie am ehesten kann zeigen, inwiefern der Geschmack eine Nebensache ist und inwiefern nicht.

Was wollen wir denn, wenn wir Geschmack haben wollen? Ein schlichter Kuß kann die Frage beantworten: Wir wollen uns spüren. Wodurch? Durch einander, aber es kommt noch etwas dazu, das gewisse Etwas, das verhindert, daß man die Zutaten herausschmeckt. Dabei schmekken lebende Lippen nach überhaupt nichts, und doch, Küsse schmecken, seit sie beschrieben worden sind. Natürlich sind auch andere Sinne im Spiel, aber die bedienen sich alle des Geschmacks als Metapher, lauter kleine Mäuler! Unsere Sinne haben Geschmack, von sich aus.

». . . als wenn es eine verborgene natürliche Eigenschaft wäre, durch welche man gleichsam wider Willen gezwungen würde, einem Menschen günstig und gewogen zu sein . . . «, so schrieb Thomasius, der Aufklärer, in diesem Zusammenhang. Ein Mensch von Geschmack schmeckt selber gut, denn er gibt weiter als Dank für das Genossene – Grazie! –, ohne sich dabei besonders zu verkünsteln.

Die deutsche Feinschmeckerküche übertreffe bisweilen schon die französische, so liest man. Guten Appetit, aber unsere französischen Lehrmeister im Geschmack können schon bei einem Schluck Quellwasser oder einem frischen Stück Weißbrot in den Ruf ausbrechen: »Que c'est bon!«, »Wie gut!«

»Richtig!« höre ich einen der Anwälte des deutschen Viersternegeschmacks ausrufen. »Beim einfachen Stück Brot fängt es an!« Als könne man sich von hier aus, auf einer Stufenleiter der Verfeinerung, hocharbeiten bis zu Morchelrahm und Hechtschaum. Eben nicht. Nichts gegen solche Genüsse! Das Ichweißnichtwas liegt aber nicht im Essen, sondern in der Delikatesse des Essers, die jedem Stück Brot eine Souveränität läßt, ohne es zu vergleichen. »Wie gut!« Darin steckt der gute Geschmack.

Der Humor

IM GEHEIMEN KLANG-BEDEUTUNGS-ARCHIV UNSERES BEwußtseins kommt er zu stehen zwischen Humus, Homer und Hochmoor. Wer ist er?

Der Liebesgott Eros hat ein Jahrtausend gebraucht, um sich von einem lichtumflossenen geflügelten Jünglings- und Frühlingsgenius in einen Putto mit rosa Speckwülsten und Spielzeugbewaffnung zu verwandeln. Der Humor, als Gottheit gedacht, wäre ein jugendlicher Bote der frischen Wärme, immer bereit zum Beweis, wie muffig und komisch die Kälte sein kann, der sein Gebiß lieber zum Lachen als zum Beißen verwendet. Bei ihm haben anderthalb Jahrhunderte ausgereicht, um ihn zu einem schmunzelnden Onkel zu machen, von dem wir uns verbitten, daß er uns etwa nicht zur Verfügung stände, von dem wir aber andrerseits gerne Abstand nehmen, wenn es darum geht, nicht mit einer tauben und blinden Schunkelmasse verwechselt zu werden, die unkritisch den Ernst der Lage verkennt.

»Und womit bewältigen wir den Krieg, den Hunger, das Rauschgift, die Unterdrückung?« So etwa fragte ein Kabarettist mit von unten lauerndem Blick sein Publikum. »Na?« Und dann kam es mit nasal in die Länge gezogenem »o« am Schluß und mit grimassenhaft verzogenem Mund: ». . . mit Humooor!« Es erfolgten Beifall und Gelächter, und wer als Opfer eines Witzes bloßgestellt im Raum stand, war der Humor. Wie faßt er eine solche Schmähung auf? Weint er, beißt er? Oder lacht er einfach mit, wie ein Abteilungsleiter, den man beim bunten Abend seines Betriebsfestes aufgezogen hat?

»Angesichts von . . .« (es folgt ein Katalog von prominenten Entsetzlichkeiten aus Gegenwart und Zeitgeschichte) »ist uns der Humor vergangen!« So lautet eine beliebte Antwort auf den äußerst unbeliebten, da so schwer zu widerlegenden Vorwurf der Humorlosigkeit. Aber nicht, ohne daß ein skeptischer Freund des Humors behutsam nachfragt, ob denn der Humor als das zu Vergehende für sein diskretes Verschwinden überhaupt zur Verfügung gestanden habe oder ob er vielleicht vorsichtshalber erst gar nicht vorhanden gewesen sei. »Damit wir keinen Humor zu haben brauchen, würde er sowieso nichts nützen und wäre also fehl am Platze«, so hieße des Humors würdige Klarstellung.

Ein deutsches Kamerateam war einmal in einem Dorf in Mali zu Gast, vielleicht dem ärmsten Land Afrikas. Eine Reporterin befragte die versammelten Frauen nach ihren Lebensbedingungen, Arbeit, Ausbildungsmöglichkeiten, sauberem Wasser und medizinischer Versorgung. Alles in katastrophalem Zustand, wie trotz der schwierigen Umstände des Interviews herauszukriegen war. Schwierig deshalb, weil die schwarzen Frauen so viel kicherten, um so mehr, je offensichtlicher die Aufnahmeleitung davon irritiert war und je bohrender sie nachsetzte: Man müsse doch und das sei ja wohl und könnte man nicht wenigstens ... Sie entblößten ihre traumhaft gesunden Gebisse und schütteten sich aus vor Lachen. Eine Szene, die einem kritischen Zuschauer die Frage nahelegen konnte, auf welcher Seite der Kamera eigentlich der beklagenswertere Notstand herrschte, und dazu die Erkenntnis, daß man sich der Humorlosigkeit mit fliegenden Fahnen anschließen müßte, wenn sie auch nur ein bißchen mehr vom Elend der Welt zu Fall bringen könnte, als der Ernst es vermag.

Der Ernst. In Erwägung, daß, wer den Humor erforschen will, zuerst sein Gegenteil untersuchen sollte, schlage ich in einem alten Lexikon von 1734 nach und finde das Wort »Ernst« gar nicht verzeichnet, aber immerhin das Wort »Ernst-Kugeln«. »So nennet man die Feuer-Kugeln, wenn man sich derer im Felde ... zum Schaden des Feindes bedienet.« (Also Artillerie-Geschosse.) »Sie sind denen Lust-Kugeln entgegen gesetzet, mit denen man bei Festins (Festlichkeiten) aus denen Mörsern zu spielen pfleget.« (Also harmlose, aber lustvolle Böller-Geschosse mit gelegentlichem Feuerwerks-Effekt.)

Jules Vernes hat den erotisch-kosmisch-militärischen Zusammenhang genial erkannt, als er in »Von der Erde zum Mond« die Mitglieder des Bostoner Kanonenclubs nach Kriegsende vor dem Kamin versammelt, mit den Holzbeinen in der Glut stochern und über »platonische Artillerie« nachdenken läßt, woraus sich dann die Idee einer Riesenkanone mit bemanntem Mond-Projektil entwikkelt, einer gigantischen »Ernst-Kugel«.

»Ernst« ist in seiner Geschichte ein erz-nordisch-kriegerisch-blutiges Eigenwort des Deutschen (ebenso wie »Humor« ein südlich-versöhnliches Halb-Fremdwort ist) und signalisiert im Kern seiner überkommenen Bedeutung immer Schlägerei, Krieg und Tod. Der »Bierernst« war die Aggressivität, die nach Genuß einiger Liter des Gebräus im Gasthausbesucher aufstieg. »Ist das Spaß oder Ernst?«, so klang die Standardfrage des Angerempelten auf dem dörflichen Tanzboden, und im Ernstfall kugelten die Raufflustigen bald am Boden, Ernst- und Lust-Kugel in einem, man raufte ja auch gerne. (»Is this a private fight or can one join in?« Ob das eine Privatrauferei sei oder ob man da einsteigen dürfe, so fragt der Ire angesichts einer Schlägerei.)

Die Lust ist also, Seite an Seite mit dem Spaß, eines der Gegenteile vom Ernst. Hier ist die vielseitige komische, dort die andere, die tragische Seite des Lebens, entsprechend der antiken Einteilung des Welttheaters in Komödie und Tragödie. Wenn es nicht komisch ist, ist es tragisch, dazwischen gibt es fast nichts, nicht bei uns. Wenn es ernst wird, kommen keine Lust-Kugeln zum Einsatz, aber irgendwo im Hintergrund liegen welche bereit. Oder nicht, dann muß es sich um eine andere Art von Ernst handeln, von dem zwei Sorten zu existieren scheinen: mit oder ohne den Humor im Hintergrund, der den Ernst in abgeplatteter Form zurückläßt, wenn er verschwunden ist. Zwischen Ernst und Ernst ist der Unterschied jedenfalls größer als zwischen Ernst und Humor, wenn es sich nicht beim letzteren um Zündplättchen statt Lust-Kugeln handelt, die serienweise abgefeuert werden, und wenn das Hämmerchen einmal danebenhaut, macht nichts, schnell was hinterher, wer kennt nicht die Lachsalven-Artillerie?

So präsentieren sich zwei Paare von Ernst und Lust: die platten, die sich immer gegenseitig verbieten wollen, weil sie sich nicht mögen, und die menschlichen, die sich den

Vortritt lassen und in den Hintergrund treten, wie zwei Figuren im Wetterhäuschen eines Klimas aus persönlicher und geselliger Stimmung.

Unbeschadet seiner Varianten war und ist der Ernst immer nur einer, denn seine Varianten werden durch den Humor bestimmt. Dieses Wort kennt keinen Plural, Punkt. Die Ernste, wenn es sie gäbe, müßten immer lachen, daher gibt es sie eben nicht.

Der Humor aber ist und war immer viele. Wenn er in der Einzahl daherkommt, macht er sich nur über den Ernst lustig, indem er ihn nachmacht. Die längste Zeit, in der dieses Wort bei uns verstanden wurde, hätte man nachgefragt: »Humor? Welchen genau meinen Sie?« Im 17. Jahrhundert hieß er bei uns »Humör«, vom französischen »humeur(s)« in der frankophil-galanten Zeit übernommen. Dieser Humör kam dann als Humór nach Deutschland zurück, wo er als Húmor, lateinisch-ernst, schon einmal existiert hatte. *Er* brachte die Endbetonung mit: ein Deutscher, der nach Frankreich ging und dann mit welschen Sitten wieder zurückkam, halb heimisch (*heinisch*, vertippe ich mich), halb fremd bis auf den heutigen Tag. Die Endbetonung könnte allerdings auch daher rühren, daß von der Mehrzahl »humores« einfach die Endung wegfiel: Jemand hat erst »humóres«, dann Humór.

Damit wäre eine Zusammenfassung der vier Körpersäfte gemeint gewesen, die des Menschen Gesundheit und Stimmung von innen her bestimmten (von außen taten dies die Gestirne und der heilige Geist, der dann zum Zeitgeist profanisiert wurde, jener vielzitierten Autorität, für dessen heutige Kinder der Humor wegen seiner Gutmütigkeit etwa so wirkt wie das Gänseblümchen auf den Galeristen). Der einschlägige dieser vier Säfte war das Blut mit seiner Zuordnung zum Element der Luft. Der Sanguiniker, der Luftikus ist sein Kind, der Narr, der Clown, der beliebig anstelle aller anderen einsetzbar ist und als »Joker« im Kartenspiel auftaucht, wo er auch gern lautespielend ein erheiterndes Ständchen gibt, »ich darf alle anderen nachmachen«. Aber die anderen drei Säfte, die cholerisch, phlegmatisch und melancholisch stimmten, waren auch noch da, mit Zorn, Trägheit und Depression. Daß man von dem Humor schlechthin in der Einzahl spricht, mag zurückgehen auf einen Wandel des medizinischen Menschenbildes durch Entdeckung des Blutkreislaufes. Von da an transportierte das Blut die Eigenschaften aller anderen mit sich durch den Körper, behielt aber gleichzeitig seine Eigenschaften aus der alten gleichberechtigten Arbeitsteilung bei, ein heiterer Chef über die anderen, sofern er sich nicht, wie etwa das »böse Blut« von der Galle, von ihnen beherrschen ließ. Humorlosigkeit bedeutet Blutleere, Humor ist das, was der Vampir so gierig aufsaugt, weil er es nicht hat, schon gar nicht, wenn er gerade einem Kind über den Kopf streichelt und leutselig bekundet, er sei schließlich kein Unmensch.

Ist der Ernst immer einer, so tritt er auch entsprechend immer dann auf, wenn es um das eine geht, was auch immer das sei. In historisch wechselnder Gewichtung und Kombination handelt es sich dabei um die Ehre, um das Geld oder eben das eine, alle drei zusammen als Liebesheirat eines reichen Fürsten in der gipfelnden Glückslösung klassischen Theaterstoffes sinnvoll repräsentiert.

Die Ehre ist der klassische Gegenstand der körperlichen Auseinandersetzung, die sich in gleichem Maße aus dem Erscheinungsbild des öffentlichen Lebens zurückgezogen hat, wie die Ehre in ihren Funktionen dem Geldverkehr zugeschlagen worden ist.

Ganz am Ende einer Unterredung, man hat sich schon erhoben und beinahe hätten wir's ja vergessen, und immer nehmen die Mienen in diesem Moment ruckartig etwas

Seriöses an, jetzt also müssen wir, ach so, ja, noch vom Geld reden. Ging früher die Hand an den Degengriff, und zwar an den eigenen, so geht die Hand nunmehr an Scheckheft oder Geldbeutel, und zwar an den fremden, kreuzweise wie bei den Klingen, aber unblutig, brüderlich und um Verständnis heischend. Und oft verbrämt mit Humor: »Find ich aber gar nicht komisch!« schrieb ein norddeutscher Grafiker auf die dritte Mahnung seiner Rechnung, zusammen mit einem komisch-grimmigen Selbstporträt.

Der Griff nach dem Geldbeutel, im großen Stil, landschafts- und bewußtseinsgestaltend, vor die Nachrichten geschaltet und absolut allgegenwärtig, das ist die Werbung. Mit dem ganzen Genie ihres professionell verfeinerten Einfühlungsvermögens spielt sie auf der Klaviatur unserer lächelnden, weichen und hoffnungsfrohen Empfindungen und verquickt sich damit, als wären Vertrauen und Verständnis innerste Eigenschaften der Kreditinstitute, die Zärtlichkeit eine Schokoladenfirma, ein Waschpulver aber die Frische persönlich, als wäre frische Luft nicht wirklich etwas Gutes, sondern eine Art Tannenduftspray im Bahnhofsklo der Marktwirtschaft. Das weite Feld zentral positiver Wünsche und damit der Humor des Ganzen ist so für den kritisch-unkommerziellen Geist vergällt und verdächtig gemacht, Humor wird zum Gegenstand der Kritik anstatt selber kritisch zu sein, etwas Verfälschendes anstatt etwas Verfälschtes, etwas Verdeckendes anstatt eines Gegenstandes der Entdeckung.

Die Humorlosigkeit arriviert auf diesem indirekten Wege zum Geist des unbestochenen Vertrauens und erneuernden Fortschritts, ja zum Markenzeichen des Ernstzunehmenden schlechthin, weil sie eben nicht nach Geld riecht.

Humor sei etwas, was nach der Beseitigung der Hindernisse, die einem späteren, besseren und humorzulassenden

Zustande der Richtigkeit noch im Wege stehen, von selbst eintrete, so bekundeten sich die Veränderungsbewegungen der letzten Jahrzehnte: die Studenten-, die Frauen-, die Psycho- und die Umweltbewegung. Für die erste war der Humor ein Verschleierungsmechanismus der herrschenden Klasse, für die zweite eine frauenunterdrückende Männerperfidie, für die dritte etwas, was zum wirklichen Ich allenfalls hinführt, aber demselben nicht eignet, schließlich lautet der Urschrei nicht auf ha ha ha, sondern ist, huaaaaa, elementar. Und die Umweltbewegung?

Die begleitenden asiatischen und esoterischen Weltsichten der Alternativen sind an sich keineswegs humorlos, aber der Transport aus dem Orient in unsere Welt defekter Lebensgemeinschaften und entsprechender theoretischer Reflexion scheint ihren heiteren Seiten nicht gutgetan zu haben, als wäre die Konservierung durch Austrocknen die Bedingung für den Import gewesen.

Humor heißt auf deutsch »Feuchtigkeit«. Wäre er ein geburtshelferkrötenbergendes Feuchtbiotop, so wäre er, was die Umweltbewegung angeht, schon aus dem Schneider, aber wie es aussieht, stört der Humor beim Rispengräserartenerfassen, beim Lachen verzählt man sich so leicht. Wir haben ein anmutiges Waldtal vor einem Staudamm beschützen wollen. Was war da nicht die Rede von Regenwürmern, Krüppelgewächsen, Nagetieren, Ozonwerten, ungeheure Mengen von saurem Stoff insgesamt, nebst Naherholungsbedeutsamkeit! Und das Aufatmen beim Spaziergang nach der Befreiung aus der engen Welt von Tabellen, Werten und Gutachten? Was hat das Aufatmen mit dem Ozonwert zu tun, der Spaziergang mit der Naherholung, das äsende Reh mit dem Wildbestand? Wieviel von der humorlosen Weltsicht der Wissenschaft und Verwaltung ist nicht ungefiltert eingeleitet worden in die Bekämpfung ihrer Folgen! Das Wasser selber hat Humor, es gluckst vor Vergnügen sogar noch bei Verunreinigung, aber schon seine chemische Formel hat keinen mehr, da ist alles zu austauschbaren Kügelchen geschrumpft und vertrocknet. Es ist die aus dem Mikroskop importierte Wahrheit des Winzigen, die unserer Welt im großen und ganzen übergestülpt worden ist und sie um Schönheit und Humor gebracht hat. Das Winzige selber, wie sollte es humorlos sein? Wer weiß denn schon, wie gut sich die verschiedenen Mikroteilchen amüsieren, wenn sie unter sich sind?

Zerlegen und nicht wieder zusammensetzen, verwalten und unterwerfen sind das eine, das andere ist der Humor, für den die Welt ganz an einem Stück hängt.

Die Welt zerfalle in: erstens, zweitens, drittens und viertens, sagt der eine Geist. Gut, wenn man so wolle, sagt der andere, aber es gehe doch um die ganze Welt, die ihre bunten Aspekte alle in sich habe und eben nicht zerfallen dürfe. Also gut, sagt der erste: Die Welt ist erstens, zweitens, drittens, viertens und fünftens ganzheitlich zu sehen. Der andere gibt auf, aber der Humor steht ihm bei, denn der weiß schließlich, wie es ist, wenn man jeweils bei Bedarf wie ein Zusatzmodul an alles andere angeschraubt und wieder abgeklemmt werden soll.

Humor könne man dazutun, soviel man wolle, im Kern und in der Sache sei die Welt eben doch ernst – das lustlose Resultat des Kommandos »Scherz beiseite!« –, so will es die humorlose Weltsicht, als ob nicht das Lachen selber das Befreite wäre, was nach Entfernung überflüssigen Ernstes zutage tritt, sondern seinerseits die verfälschende Deckschicht. Um sich zu tarnen, schiebt sich die Humorlosigkeit gern an den Platz des Humors und will ernstgenommen werden – kann man eigentlich ernst nehmen, was keinen Humor hat? –, wodurch eine Verdrehung von oben und unten zustande kommt, die als Modell für die vereinten Teile Deutschlands überraschende Aktualität entfaltet.

Staat und Verwaltung der DDR waren von eisgepanzerter Humorlosigkeit, aber darunter, zwischen den Leuten, hatte sich durch den notwendigen Zusammenhalt und den Widerstand eine lebenstüchtige Schicht von Warmherzigkeit und Witz – also Humor – gebildet, die erst bei ihrem Verlust durch den Anschluß schmerzlich ins Bewußtsein rückte. Anschluß an unseren westlichen Staat, wo unter einer lockeren und blühend angebauten Humusschicht allgegenwärtiger Humorigkeit das knallharte Grundeis des Umsatzzwanges zum Vorschein kommt. So stößt der Humor auf Eis, nach oben wie unten, und nach Osten und Westen jeweils in entgegengesetzter Richtung, ein staatsgeologisches Doppel-Geschiebe von knirschender Verfahrenheit.

Das Volk ist nicht das, was durch Humor geködert wird, sondern das, was Humor hat, so gesehen kann mit diesem Begriff des Volkes, mit dem so viel Ernst getrieben worden ist, eigentlich nichts mehr passieren. Nichts ist so komisch wie der Humor in Deutschland, wo er unter seiner Flagge daherkommt, dieses »wir sind doch gar nicht so!« Nichts ist aber auch so schwer zu entdecken, wie das, was nicht so heißt, sondern so ist, nie berechnet und immer unerwartet. Ein zerstreuter Busfahrer in Bonn bog einmal eine Querstraße zu früh ab, und als er dann routinemäßig anhalten wollte, war da auf einmal gar keine Haltestelle. Der vollbesetzte Bus samt Chauffeur brach in Lachen aus. Eine Situation wie im Theater, wenn etwas eintritt, wovon das Publikum sicher sein kann, daß es nicht vorbereitet war. Wenn das von der Bühne her gut pariert wird, stellt sich plötzlich eine Art federleichter Zusammengehörigkeit aller heraus, die man sich als Antwort auf die Frage, was eigentlich Heimat sei, nur wünschen kann. Es ist eine Art unvergiftetes Grundwasser für alle, ein artesischer Brunnen, der mit seiner Fontäne durch die verkrustete Deckschicht bricht, befreiend, weil er sich gerade selbst befreit, und in kleinen Denkmälern festgehalten. Das sind die Witze, die von solchen Situationen berichten, im Gegensatz zu den Originalen wiederholbar, kleine explosive Konserven, durch die der Humor allerdings leicht in den Dunstkreis des Abgestandenen gerät, der Vorrathaltung, der Onkelhaftigkeit.

Unfreiwillig im Sinne von nicht beabsichtigt ist Humor eigentlich immer, weil er wie Fallobst von seinen Spendern oder Situationen abfällt. Dabei ist der Schritt von der Unfreiwilligkeit zur Freiwilligkeit – und zurück! – beim Humor kleiner, als man denkt.

Hätte Friederike Kempner, der Star des unfreiwilligen Humors im wilhelminischen Preußen, ihr Genie erkannt und vermarktet, sie wäre als begnadete Humoristin in den deutschen Olymp aufgenommen worden und von der ganzen intellektuellen Süffisanz mit ihrem »köstlich, köstlich!« Augenaufschlag verschont geblieben. Wieviel Naturburschentum setzt sich nicht, so naiv, wie es ist, in die kostenlosen Anführungszeichen der Ironie und läßt sich als kritisch feiern! Klarzustellen, wie komisch manche Satire ist, das würde schnell das stille und sanfte Licht des Humors erhellend über viel gepatschte Schenkel und hüpfende Bäuche verbreiten.

Als der jüdische Schriftsteller Moritz Saphir, wie Salcia Landmann von ihm berichtet, einmal in Wien auf der Straße einem Trupp korporierter Studenten begegnete, rief ihm einer davon unter dem hämischen Gelächter der anderen den alten Schneider-Spottruf »meck, meck!« nach. Saphir drehte den Kopf gelassen über die Schulter zurück und rief: »leck, leck!« Der Student wurde plötzlich ernst, legte die Hand ans Portepee, nahm Haltung an und fragte schneidend: »Meinen Sie mich?« Saphir lächelnd: »Nein, mich!«

Nicht die Bissigkeit, sondern die Verbissenheit ist das genaue Gegenteil des Humors, die Entwaffnung ist seine Stärke, weil der Humor sein Subjekt jeweils in den Angriff mit einbezieht und dadurch die gesamte Situation in ihr selbst zu Fall bringt.

Wäre der Humor eine Schlange, würde er nicht zu den Giftschlangen zählen, hätte aber das Gift, wie alle nichtgiftigen Schlangen und wie so oft übersehen wird, zur Verdauung der Beute in sich.

Solch sanfte Wucht wie damals in Wien kann der Geist der Korrektur entfalten, der darauf verzichtet, alles kurz und klein zu schlagen, wie es überhaupt weniger darum geht, alle Welt der Humorlosigkeit zu bezichtigen, wenn von Humor die Rede ist, als am Begriff des Humors selber etwas zurechtzurücken. Er kann sich etwas gefallen lassen und wird deshalb so leicht hinübergeschoben auf die Seite derer, die sich alles gefallen lassen müssen, weg von denen, die sich selber immer draußen lassen, wenn es um Kritik geht, und sich dadurch eine künstliche moralische Überlegenheit zuerkennen, die aller Ironie und Satire für ihre Inhaber einen so hohen Grad von seelischer Bekömmlichkeit verleiht. Dazu kommt noch das Privileg der einsamen Position außerhalb der verachteten Masse, die mit dem Anwachsen der Industrie und der entsprechenden Lebenskultur naturgemäß immer begehrter wurde. Erst im Zuge des 19. Jahrhunderts, wo sich unser Begriff von Humor entwickelt hat, haben sich jene schärferen Geister vom Humor abgetrennt, die zuerst durchaus noch in seinen Diensten der heiteren Auflösung jeder Situation ins Harmonische durch das Komische standen. »Sich lustig machen«, das war im alten Sinne gar nicht »über jemand« gemeint, sondern einfach so. Ein Lustigmacher im 18. Jahrhundert war ein anderes Wort für Hofnarr, der für gute Laune bei Hof zu sorgen hatte, wo schlechte Laune zu zeigen ein schwerer Verstoß gegen die Etikette war, und manchmal eben auch auf Kosten von Würde, Stolz und Eitelkeit der Mächtigen.

Je weiter persönliche Ideale und politische Entwicklung auseinanderklaffen, desto schwieriger wird das Überbrükken durch Humor und desto schärfer wird der Ton, desto größer wird die Süffisanz bei der Bloßstellung anderer.

Niemand hält den Begriff des Humors für das bürgerliche deutsche Bewußtsein so besetzt wie Wilhelm Busch, der uns mit seiner ganzen Schadenfreude an den katastrophalen Trümmerhaufen zum jeweiligen Finale seiner Bildgeschichten gar nicht mehr so humorvoll erscheinen will. Der Erfolg des Hämischen ist aber viel weniger die Absicht des Künstlers Busch gewesen, als daß er bezeichnend ist für die bürgerliche Welt des kaiserlichen Deutschland. Busch hat sich bis zu seinem Lebensende selber als einen ernsthaften Maler empfunden, der sich mit dem Riesenerfolg seiner poetisch-zeichnerischen Nebentalente abfinden mußte, einem Erfolg, der ihn ebenso befremdete wie ernährte. Humor nach unseren Begriffen ist in feinster Form in seinen Ölbildern zu finden, einem Kinderporträt, einer Heidelandschaft. Da aber sucht ihn niemand.

Eine Generation vor ihm hatte der Apotheker Spitzweg mit seinem ersten großen malerischen Erfolg, dem »Armen Poeten«, nichts Unkritischeres im Sinn gehabt, als auf das Elend der brotlosen Schriftsteller hinzuweisen. Das bürgerliche Publikum fand das Stück aber so beneidenswert in seiner Idylle, so imponierend in seiner Bedürfnislosigkeit, daß der Künstler seine Karrière – ja, wenn das so ist! – in Zukunft auf lauter Idyllen mit Knollnasenmännchen aufbaute. Man kann zuschauen, wie sich die Belanglosigkeit allmählich des Humors bemächtigt.

In unserem Jahrhundert war es Heinrich Zille, der mit seinen Zeichnungen von Proletarierkindern in Berliner

Hinterhöfen das Elend der Arbeiterschaft anprangern wollte. Der Humor, den er dabei zutage förderte, war das Entzücken der Wohlhabenden, die Anklage darin aber wurde verschmäht, sofern sie überhaupt wahrgenommen wurde. Humor wird so leicht ausgenützt! Zille wußte sehr wohl, was das Schicksal seines Humors war, und behielt ihn trotzdem. Gegen Ende seines Lebens wurde er einmal vom Deutschen Rundfunk gefragt, ob er aufgeregt sei, wenn er ins Mikrophon spreche, ob er »Mikrofieber« habe. Nein, sagte er, er habe kein Mikrofieber. Er sei es so sehr gewohnt, mit Wort und Bild ins Leere zu sprechen, daß ihm das nun auch nichts mehr ausmache. Ein Präzisionsschuß ins Blaue, und doch wird gerade dem Humor immer Verwaschenheit unterstellt. Es kann sich so viel verbergen hinter seinem Etikett, weil seine flüssige Natur lauter unsichtbare Beimengungen und Auslaugungen erlaubt, die erst durch ihre Auswirkungen zu erkennen sind.

Der Kakao, der in einem unerforschlichen Zusammenhang mit dem Humor steht, weil jemand, der durch ihn gezogen wird, Humor zu haben hat, unterliegt in seiner Geschichte einem ähnlichen Schicksal wie der Humor selber. Er war einst bei den Indianern eine ölige Erfrischung mit bitterem Beigeschmack und berauschender Wirkung und hat sich durch seinen Transport über den Atlantik und durch die Neuzeit in kinderbekömmlich-trinkbare Harmlosigkeit verwandelt, während andererseits der Kokastrauch die Gifte der Anti-Harmlosigkeit hintenherum wieder dorthin einführt, wo die Lebenskultur somit changiert zwischen Kaba und Kokain. So changiert auch der Humor zwischen Heiterkeitsveranstaltungen für das Volk, dem die Mundwinkel auf den Volksfesten in riesigen Rotationsmaschinen durch Fliehkraft auseinandergetrieben werden, und den scharfen und immer schärferen Gegengiften einer kritischen Minderheit, die die verängstigten Arbeits- und Freizeitmassen gelegentlich mit Hilfe knallharter Geschmacklosigkeiten auf Distanz hält. Wer Schnapstrinker ist, dem schmeckt alles andere leicht wie verdünnter Himbeersaft, und dazwischen wäre doch der gute milde Wein des Humors, rein und weise, verkannt, ersehnt, verpanscht, verachtet, aber doch von untergründiger allumfassender Beliebtheit.

Die erste humoristische Gesellschaft, über die ich eine Quelle finde, stammt aus dem frühen 18. Jahrhundert aus Rom. Sie nannte sich »Bell' Humori« und traf sich regelmäßig. Ihr Emblem war ein Meer, aus dem eine Wolke aufsteigt, die in einen Regen ausbricht. Die lateinische Umschrift heißt: »Redit agmine dulci.« Im Deutsch dieser Zeit etwa: »Und kehret in lieblichem Schwarme zurück.« Seien damit nun die Regentropfen gemeint, die aus allen Wolken fallen, wenn sie unter sich das Meer sehen, aus dem sie doch aufgestiegen sind, sei es der Humor, der sich durch Verdunstung nach oben zurückgezogen hat, oder seien es die gutgelaunten Fräuleins und Herren aus dem galanten Rom, die sich plaudernd und scherzend zu ihrem nächsten Rendezvous begeben.

Der Adel

MAN MUSS DIE ERSCHEINUNGEN INS AUGE FASSEN, WENN sie gerade nicht herschauen. Vorletztes Jahr hat uns die Französische Revolution mit den zwei Null-Augen ihres zweihundertjährigen Jubiläums angeglotzt, und prompt ist sie dem Konsens des allgemeinen Abhakens zum Opfer gefallen. Man hätte sie gar nicht wirkungsvoller in Vergessenheit geraten lassen können. Ganz anders der Adel, den sie abschaffen wollte. Er kennt keine Jubiläen, denn es gibt da keine Gründung, immer nur Tradition, und vielleicht ist es deshalb so schwer, ein Ende mit ihm zu setzen.

Eine spöttische Baronesse ging dieser Jahre einmal über das von düsteren Wacholdern eingefriedete Familienbegräbnis einer schwäbischen Freiherrenfamilie, in deren Schloß eine Wohngemeinschaft eingezogen war.

Hier ruht in Gott
*Adelheid Freifrau von*** geb. v. ***. Kgl. Württ.*
Generalobristengattin, geb. . . . gest. . . .

Die letzte Grabplatte war noch ungraviert, wenngleich auch schon bemoost. Da müsse man nun draufschreiben, meinte sie halblaut im Vorübergehen: »Hier pennt der Ulli.«

Der wirkliche Anwärter auf diesen Platz ruhte längst auf dem Dorffriedhof. Was zu seinen Lebzeiten weggefallen war, war das Recht, sich auf eigenem Grund und Boden bestatten zu lassen. Adel hat Grund, und zwar darin, daß er einmal einen hatte, wenn er ihn nicht noch hat. Vom Lande kommt das »von«.

Aber seit wann gibt es Adel? Die Erinnerung an die eigene Schulklasse kann einen Poeten bei dieser Frage weiterbringen, als ein Historiker zugestehen wird. Die Aristokratie dieser Klasse war auf einmal da, ohne daß man hätte zuschauen können, wie sie entstand, und zehn Jahre später, in einer ganz anderen Klasse, war es genauso, ohne daß sich Tradition und Vererbung hätten einzuschalten brauchen. Es waren immer zunächst die körperlich Überlegenen, die Besten im Turnen, die einem Jungen aus dem breiten Rest der Klasse ein erhebendes Gefühl vermitteln konnten, indem sie auch nur mit ihm verkehrten. Später waren es dann eher die, die vom Turnen befreit waren, und sogar das ist noch entfernt auf den Adel übertragbar. Wo man hinschaut in der Weltgeschichte: Immer war es zuerst die physische Superiorität über andere, war es der Besitz von Waffen und das Recht, sie zu tragen, was den Adel ausmachte, von den Tuareg in der Sahara bis zu den Samurai in Japan, von den Hidalgos in Spanien bis weit zurück zu den homerischen Herdenbesitzern. Und durchweg verachteten sie die körperliche Arbeit, bis auf das Führen von Waffen, ließen andere arbeiten und hielten auf Distanz zu allem, was nicht ihresgleichen war, wobei ihnen eigens entwickelte Umgangsformen, Sitten und auch eigene sprachliche Gewohnheiten zu Hilfe kamen.

Wie die Avantgarde-Jazzmusiker in New-Orleans sich Laien, die in ihre Bands einsteigen wollten, durch besonders verzinkte Harmonien, aus denen kein Ton herausfallen durfte, vom Leibe hielten, so mußten zum Beispiel die Ritter ein Hühnchen in der Luft tranchieren können, ohne das Geringste davon zu Boden fallen zu lassen.

Gleichviel, die Ungleichheit zwischen den Menschen hatte sozusagen einmal einen Griff dran, mit dem sie gezogen und verteidigt werden konnte, und wenn man heute noch von einem Adligen sagt, er hätte was, ohne es genauer bezeichnen zu können, so war es eben einmal ein Schwert, was auch dann noch wirkt, wenn es gar nicht mehr da ist.

Goethe beschrieb in seiner »Italienischen Reise« die Adligen Veronas als dadurch von den Bürgern unterschieden, daß sie einhändig rechts gestikulierten, weil die Linke auf dem Degengriff aufruhte. Bis heute gibt es in Italien Adlige, die einhändig rechts gestikulieren, auch ohne Degen. Es gäbe keine bessere Metapher für das Fortleben des Adels auch nach Abschaffung seiner Vorrechte: vom Turnen befreit, und dennoch irgendwie dominant. Die Adligen Österreichs, wo der Adel als Bestandteil des bürgerlichen Namens verboten ist, tragen manchmal ein Auslassungszeichen vor dem Namen auf der Visitenkarte, einen Schrägstrich zwischen zwei Punkten, wie das Gespenst einer Degenklinge.

Natürlich stünde es jedermann von uns frei, einhändig zu gestikulieren und ein Auslassungszeichen vor dem Namen zu tragen, aber es wäre nicht das. Was ist das?

Ein schlichtes »von« vor dem Namen, sobald es in unserer Umgebung auftaucht, durchzuckt uns mit einem sanften Stromstoß von sehnsuchtsvoll-harmloser Schmerzlichkeit, der noch gesteigert wird durch den inneren Widerwillen gegen das Gefühl des Besonderen, was mit diesem »von« verbunden sein soll, weil wir uns fragen, wie wir eigentlich dazu kommen, jemand für etwas zu bewundern, was ihm ohne sein Zutun in die Wiege gelegt worden ist. Als bewegten wir die Schokolade der Gleichheit im Mund und bissen mit dem plombierten Zahn unserer Gesellschaftsordnung auf ein Stück Silberpapier, einen Rest der alten glänzenden Umhüllung.

Es ist ein Zweikomponentengefühl, zusammengesetzt aus Zuneigung und Vergeblichkeit, ein Verlust innerer Souveränität, wie er einen Mann beim Anblick einer besonders schönen Frau ankommen kann, es ist ein »Warum nicht ich?« von jahrhundertelanger Verwurzelung in der deutschen Bürgerseele.

Mit über hundert Auflagen war der »Trompeter von Säckingen« eines der populärsten literarischen Werke des vergangenen Jahrhunderts. Dieser Trompeter war ein musizierender früherer Jurastudent, dem es gelungen ist – es wär so schön gewesen, und hat nicht ... hat dann eben doch, durch den Eingriff des Papstes persönlich, sein dürfen – ein Adelsfräulein zu heiraten. Mit der Trompete, dem entprivilegierten Instrument der fürstlichen Souveräne, hatte er sich auch ins Herz seines Schwiegervaters gespielt, eines alten Haudegen-Barons. Ein Klang, der sich selbständig gemacht hat und auf seinen militärisch-adligen Ursprung ständeversöhnend zurückwirkt.

Der Dichter Scheffel wurde wegen seines großen Erfolges in den persönlichen Adelsstand erhoben, als hätte sich ein Teil seines Werkes durch Veröffentlichung selbst verwirklicht – auch er war Jurist –, eines Werkes, das seine magische Wirkung aus dem Triumph der Liebe über die Standesgrenzen bezog, und aus erfüllter bürgerlicher Sehnsucht.

Damals war der Adel seiner gesellschaftlichen Funktionen schon weitgehend entleert und hatte etwas Romantisches auf sich gezogen. Wie bei den Burgruinen, die bis heute als plombierte Zahnstummel der alten feudalen Reichsherrlichkeit in den Himmel unserer Republik ragen und die einen so prägnanten Platz in der Kunst der damaligen Welt einnehmen: Das Erlebnis ihres Anblicks besteht in der Phantasie des Betrachters, der sie unwillkürlich in die Vergangenheit hinein wieder aufbaut und mit einem Leben erfüllt, das für ihn selber viel bezeichnender ist als für das Mittelalter. Entsprechend ist das, was wir heute unter Adel verstehen und was wir dabei empfinden, weitgehend eine bürgerliche Fiktion.

Nostalgie ist die Sehnsucht nach einer besseren Welt in der Vergangenheit, unser Bild vom Adel entspricht einer Sehnsucht nach einer Welt des Besseren in der Gegenwart und ist nicht weniger verfälschend. Ebenso entlastend für die Reste der alten Aristokratie wie respektlos dagegen kann man sagen, daß der Adel selber in keiner Weise verantwortlich ist für die Bewunderung, die ihm gezollt wird.

Das Verhältnis des Bürgertums zum Adel ist, seit es die Macht von ihm übernommen hat, etwa so, als hätten die Frösche beschlossen, die Schlangen zu bitten, sich auch nach deren Entgiftung und Entzahnung freiwillig weiterfaszinieren lassen zu dürfen. Er könne sich gar nicht wehren, stöhnte ein junger baltischer Baron, gegen die ganzen Vorteile, die ihm allein auf Grund seines adligen Namens zugeschoben würden. Hätte er über dauernde versteckte Demütigungen geklagt, »glaub bloß nicht, du wärst was Besonderes!«, so wäre es auch nichts anderes gewesen als die Kehrseite eines gewissen Mangels an Unbefangenheit, der das Verhältnis übrigens von beiden Seiten kennzeichnet. Der Adel heute, darf man sagen, unterliegt einer Art Diskriminierung im Positiven, die schöne Menschen ganz ähnlich trifft. Adel ist etwas wie angeborene Schönheit, auch bei deren körperlichem Mangel, es ist ganz wie bei der Bewaffnung.

Ein gutes halbes Jahrhundert vor Scheffel hat ein Dichter aus altem Adelsgeschlecht eine Novelle geschrieben, die ein weniger idealisierendes Bild seines eigenen Standes zeichnet, aus einer Zeit, als der noch von den Düften nach Schießpulver, Stall, Wein und Blut umweht war. Ein Junker nimmt einem durchreisenden Roßhändler aus purem Übermut und gegen alles Recht zwei Rappen weg und läßt sie auf seinen Äckern fast kaputtschinden. Ihr Eigentümer, Michael Kohlhaas, kämpft mit hypochondrischer Verbissenheit um sein Recht und bekommt es, wenn auch kurz vor seiner Hinrichtung. Jedenfalls auf dem Gebiet der Rechtsfindung hat ein kleiner Mann einen Adligen in die Knie gezwungen. So schildert ein adliger Schriftsteller einen Rechtsfall und läßt ihn mit tragischer Konsequenz enden, ganz anders als der nobilitierte Jurist Scheffel zwei Generationen später seine Trompetergeschichte abschließt. Der tödliche Kampf zwischen den Ständen ist zur Liebesgeschichte geworden, jedenfalls in einem gereimten Märchen.

Wie eine Flamme, die mit abnehmend körperlicher und zunehmend gasförmig-ätherischer Speisung eine bläuliche Färbung annimmt, so hat der Adel nach Entzug seiner Vorrechte die Blaublütigkeit angenommen. Es war wie bei der Kunst, die den ätherischen Begriff des Genies in dem Moment auf sich gezogen hat, wo sie sich aus ihren handwerklichen Diensten bei Kirche und Fürstenhof zu befreien begann: etwas nicht Erlernbares, nur durch Begnadung zu Erlangendes, Verehrungswürdiges.

Eine Sekretärin schrieb statt an den Freiherrn von Uslar-Gleichen aus Versehen oder mit Absicht an den Freiherrn von Unsers-Gleichen und bewies dadurch, daß es eben gerade nicht so ist.

Als der Adel in der Weimarer Republik durch Gesetz abgeschafft war und seine Titel bloß noch als Bestandteil des bürgerlichen Namens gelten sollten, war er eben dadurch wieder eingeführt, und zwar auf nunmehr untilgbare Weise, denn ein Graf blieb ein Graf. Außerdem war der Adel nun auf seinen Bestand festgeschrieben und eines Zustroms von aufstrebender Tüchtigkeit beraubt, weil niemand mehr in den Adelsstand erhoben werden konnte, eine Art Altwasser des Besseren in einer Gleichheitslandschaft, das seither nur mehr durch Adoption oder Heirat gespeist wird. Was nun die erste anbetrifft, so dient sie durch den Handel mit Titeln eher der Verwässerung als der Auffrischung. Durch Heirat andrerseits geschieht nichts Neues: Bürgerliche Frauen konnten durch Heirat schon länger adlig werden – mit im Laufe der Zeit abnehmenden Schwierigkeiten –, und sie wurden es bisweilen in noch höherem Maß als ihre Ehemänner. Das neue Namensgesetz aber, das Männern ermöglicht, den Namen der Frau anzunehmen, bringt weniger neue Edelleute hervor als erwartet. Da scheint ein Rest von Bürgerstolz zu greifen: lieber ein echter Müller als ein traditions- und verdienstloser von der Mühlen. Abgesehen davon, daß ein derartig frischer Adliger von seinen vermeintlichen Standesgenossen gar nicht akzeptiert wäre.

So ist nun also aus einer Gesellschaft, zu deren innerstem Selbstverständnis es gehört, daß in ihr jeder durch Tüchtigkeit alles, aber auch alles erreichen kann, ein Bereich verdienstloser Unzugänglichkeit ausgespart, der sicher kein Problem darstellt, aber ein Phänomen, und wenn ein Problem, dann ein psychologisches. Denn es bleiben nur die

Gleichgültigkeit, wie sie eben nicht auf gleicher Geltung beruht, das Anlehnungsbedürfnis, der Neid oder die alte Verehrung, wenn man eine Einstellung dazu finden will.

Ein gutgekleideter junger Herr aus München nähert sich in einem Fernsehmagazin den feinsten Kreisen der Gesellschaft, in denen ja auch Adlige verkehren, um sie bloßzustellen, und verschafft dadurch dem Zuschauer den zwiespältigen Genuß, sich auf den Gegenstand seiner Bewunderung herabzulassen, raffinierte Variante einer alten Abhängigkeit zu einer Zeit, deren Verfeinerung weniger in der Delikatesse der Lebensform besteht als in der Verfeinerung des Bedürfnisses nach eben derselben, einer Art Generalveredelung.

Als zu Beginn unseres Jahrhunderts die letzten bürgerlichen Familien geadelt wurden, trat bald darauf eine Erscheinung ein, die ein Historiker aus altem kurländischem Adel mit mehr Sarkasmus als Süffisanz vermerkt hat: Schon in der zweiten Generation konnten diese Familien selbst uralte Adelsgeschlechter an Müdigkeit und nachlassender Lebenskraft weit überflügelt haben. Wie sanken da die Augenlider auf halbe Höhe (eine Muskelschwäche, von der der Zeichner Gulbransson behauptet hat, sie rühre her vom jahrhundertelangen Herabsehen auf die Untertanen), wie gelassen regneten die überlangen Finger über die Sessellehnen, wie war dieser Neureichtum an Dekadenz gezeichnet von den Spuren der Inzucht, die doch einmal notwendig gewesen war, um die Ländereien beieinanderzuhalten!

Beau Brummel, der hochberühmte Dandy und Vorbild aller bürgerlichen Adelsnachahmung und -überflügelung, hatte keine Ländereien und war eben nicht der Stammvater aller Dandies, weil Dandies keine Dynastien ausbilden, unbeschadet ganzer Generationen von Modekupfern. Die Ästhetik des Disfunktionalen kriegt keine Kinder, hat sie doch ihre Energien mangels anderer Objekte auf sich selber gelenkt.

Der Bürger, wie perfekt auch immer, hat die Eigenarten des Adels im Individuellen nachgeahmt an einer Stelle, wo sie nur oberflächlich übertragbar sind. Das bürgerliche Pathos, alles aus eigener Kraft in die Welt setzen zu können, hat die Selbstverwirklichung an die Stelle der Verantwortung treten lassen und hat dadurch etwas Kurzatmiges angenommen, es fehlen die Dimensionen von Zeit und Raum, das Generationenübergreifende der Erblichkeit und das Landkartenabdeckende des Grundbesitzes, das jede Nachahmung ebenso vergeblich macht, wie sie sie nach unseren modernen Begriffen des Wünschenswerten enthebt.

Ein Musikant, der von einem Dudelsack nur die Melodiepfeife hätte, könnte dieses Instrument täuschend echt nachahmen, indem er es direkt mit dem Munde anbliese. Es würden seiner Musik nur der lange Atem und die Kontinuität fehlen, die aus der Ewigkeit gegriffen zu sein scheint und die vom Luftsack herrührt, von den Baßpfeifen im Hintergrund ganz zu schweigen, vom Wald des Bordun, dem Continuo, das alles zusammenhält und durchträgt.

Die Contenance, der Zusammenhalt aller eigenen Kräfte zu ihrem gesteuerten Gebrauch, das wäre die persönliche Spielart der Kontinuität einer jahrhundertelangen Erziehung, die das verbliebene tatsächliche Privileg der Erben eines alten Standes ausmacht, sofern sie sich noch in Anschlag bringen kann, und danach besteht eine kaum stillbare Nachfrage an unerwarteter Stelle: Die Kampfsportarten mit ihrer allgegenwärtigen Erlernbarkeit, wenn man sie nicht nur als Ausdruck untergründiger Aggressivität verstehen will, steuern eben jene zusammenfassenden Kräfte auf dem Wege der Selbsterziehung an. Ein erster

Hinweis auf individuelle Übertragbarkeit von Privilegien, die ja schließlich ganz früher auch einmal von körperlicher Überlegenheit ausgegangen waren.

Das vielleicht populärste Gedicht in unserer Sprache handelt von einem Adligen mit der selbst für seinen Stand seltenen Vorliebe des Verschenkens: Der von Ribbeck auf Ribbeck im Havelland verteilte so gern seine Birnen an Kinder, die des Weges kamen. Sein Sohn ist eher von jener Art geheiligter Scheu vor Verschwendung sogar in unscheinbaren Bereichen durchdrungen, die seit eh und je eben auch zum Erscheinungsbild des Aristokratischen gehört. Also nimmt der Alte eine Birne mit ins Grab, die daraus hervorwächst, um die Kinder für alle Zeiten mit den Früchten seiner Großherzigkeit zu speisen und damit für die Kontinuität einer Tradition der Milde seines Geschlechtes zu sorgen.

Eine Birne mit ins Grab zu nehmen und einen Birnbaum daraus wachsen zu lassen, dazu fehlt uns die Familiengruft. Die Generosität aber, mit der man Birnen an Kinder verschenkt, die ist für alle da. Von der Frage »Wer sind die Adligen?« über die Frage »Wer ist der Adel?« bis hin zur Frage »Was ist Adel?« führt ein Weg von wachsender philosophischer Präzision und zunehmender Öffnung ins Demokratische, denn es ist abnehmend eine Frage dessen, was jemand hat, und zunehmend dessen, was jemand tut, tun kann.

Ein Graf an der Grenze zu den neuen Bundesländern hat sich geweigert, angestammten Grund und Boden seiner Familie für eine radioaktive Endlagerstätte herzugeben, und hat damit die althergebrachte Verantwortung für Land und Generationen gleichsam ins Aktuelle übersetzt, nicht ohne denen sein Schloß zu öffnen, die sich frei von der Tradition einer Familie für solche Zusammenhänge von Zeiten und Räumen zuständig fühlen. Es ist darin etwas von der

Sympathie, die Fontanes Gedicht von der gespendeten Birne so populär macht. Sympathie statt Neid wäre wohl auch am ehesten geeignet, das Störende aufzulösen, was von der Gegenwart einer grundsätzlich besseren Exklave in einer demokratischen Umgebung ausgeht, spiegelbildlich wäre es Verständnis statt Angst vor Unterwanderung, was die angeborenen Reste alter Vorrechte für ihre Inhaber in diesem Sinn leichter erträglich machen könnte. Es gilt, eine Art zu schützen, weniger, weil sie privilegiert ist, als insofern sie im Prinzip längst Allgemeingut geworden ist.

Man könnte den Adel noch konsequenter abschaffen, als es unsere Gesetze ohnehin getan haben, aber man müßte dann die bürgerliche Verehrung des Adels abschaffen, denn eben hier liegt die Stelle, wo sich ein früheres System so unauslöschlich in die Gegenwart eingetragen hat.

Das Bürgertum hat die Macht seinerzeit vom Adel übernommen und ist im Begriff, sie auf weitestem Gebiet abzugeben an das Kleinbürgertum, als wäre die Macht eine Freundin, die ein Student auf dem gleichen Weg verliert, wie er sie einst gewonnen hat. Mit dem Unterschied, daß die Bürger zwar zu ihrer Abgrenzung nach unten das Wort Kleinbürger erfunden haben, der Adel aber nicht auf den Gedanken gekommen wäre, die Großbürger in Kleinadlige umzubenennen, so gerne die das vielleicht gehabt hätten.

Wie man es dreht und wendet, was man auch herauskürzt aus dem Bruch der Stände, die sich in Schichten verwandelt haben, es bleibt ein Rest des Unauflöslichen. Mit dem aber muß man verfahren, wie es die aristokratische Kerneigenschaft der Souveränität für solche Fälle vorschreiben würde: Man muß ihn bleiben lassen.

Alexis de Tocqueville

Das rührt nicht an die Grundfesten.
Das rührt an die Grundfesseln.

Etwa im Jahr 1949 instruierte ein amerikanischer Besatzungsoffizier junge deutsche Lehrer, wie sie die Eltern der Schüler dazu anhalten sollten, ihre Kinder zum Lernen zu motivieren. Sie sollten ihnen sagen: »The more they learn now, the more they can earn money later!« Je mehr sie also jetzt lernten, desto mehr Chancen zum Geldverdienen hätten sie, wenn sie einmal groß wären. Das berichtete eine der inzwischen weißhaarigen jungen Lehrerinnen von damals, zusammen mit der Erinnerung an das Entsetzen in ihrem Kollegenkreis.

Zehn Jahre später arbeitete sie für das Goethe-Institut in Indien, und da sei einmal von einem der Mitarbeiter die schüchterne Frage gestellt worden, wie es denn eigentlich hier mit der Altersversorgung aussehe. Er habe sich aber damit völlig unmöglich gemacht. Es gehe doch an so einer Stelle nicht darum, sein Schäfchen ins trockene zu bringen, sondern darum, ein neues Bild von der deutschen Kultur im Ausland zu schaffen!

Beide Episoden, die vorgezeigt wurden wie kostbare Erinnerungsstücke aus einer versunkenen anderen Welt der Motivation, sollen den Blick auf einen Autor lenken, der dem Einfluß der Mehrheitsherrschaft auf das Weltgeschick im allgemeinen und der amerikanischen Demokratie im besonderen mit Sorge und Eleganz, Nüchternheit und Engagement, Kühle und Frömmigkeit sein Hauptwerk gewidmet hat: Alexis de Tocqueville.

Eigennutz und optimierter Geldverdienst würden zum Hauptbeweggrund des Lebens in der Mehrheitsgesellschaft werden, die großen und edlen Ziele würden dem Geist der Absicherung in engen individuellen Grenzen Platz machen müssen. So prophezeite der junge normannische Graf im Jahr 1835, und so stellte es sich in der Mitte unseres Jahrhunderts heraus, als jener US-Oberleutnant der Lehrerschaft im besiegten Deutschland den Sinn allen Bildungsstrebens erläuterte.

Das war auch die Zeit, zu der man bei uns wieder einmal auf Tocqueville aufmerksam wurde. Am Ende des ersten Teils seiner »Demokratie in Amerika« findet sich die berühmte Stelle: »Es gibt heute auf Erden zwei große Völker, die, von verschiedenen Punkten ausgegangen, dem gleichen Ziel zuzustreben scheinen: die Russen und die Angloamerikaner. (...) Ihre Wege sind ungleich; dennoch scheint jeder von ihnen nach einem geheimen Plan der Vorsehung berufen, eines Tages die Geschicke der halben Welt in seiner Hand zu halten.«

1835. Die Klarheit der Vorausschau aus so großer zeitlicher Entfernung, einer Vorausschau, die sich obendrein gar nicht auf die eigene Kraft der Prognose, sondern auf die Vorsehung berief, das sicherte Tocqueville schlagartig neue Bewunderung zu einer Zeit, als die Macht in der Welt tatsächlich wie nach einem alten geheimen Plan, wie nur er ihn schon kannte, neu gewichtet wurde. In unseren Tagen, wo eines der beiden Systeme sich aufgelöst hat, scheint die eine Hälfte der Prognose widerlegt zu sein. Aber andererseits wird ihr Autor neu bestätigt, bei dem von vornherein ausgehängt war, was so lange die Grundlage unserer Überzeugung von Freund und Feind gebildet hatte: der Gegensatz des westlichen und östlichen Systems, die, mit seinen Augen betrachtet, nur Varianten ein und derselben Sache darstellten.

Von der neumarxistischen Bewegung, die bei uns jahrzehntelang alles Nicht-Reaktionäre für sich allein beanspruchte, wurde Tocqueville im Verein mit anderen hervorragenden kritischen Geistern wie seinem Bewunderer, dem Engländer John Stewart Mill, mit breitem Unterarm und auswärts gekehrter Handfläche als nicht massenhoffnungskompatibel generös vom Tisch gewischt. Dabei hatten die Prognosen von Karl Marx den Vorteil, mit der Wirklichkeit, die sie entwarfen, ein Jahrhundert später einen so starken Kontrast zu bilden, daß sie allein schon dadurch ihre Berühmtheit und systemverändernden Energien entfalten konnten. Das Bild dagegen, das Tocqueville zu jener Zeit von der demokratischen Massengesellschaft zeichnete, hebt sich so wenig von der Landschaft unserer Zeit ab, daß es droht, der Unauffälligkeit zum Opfer zu fallen, die mit seiner Wahrheit einhergeht.

Es ist wie bei einem Bild von Magritte, wo in einer Landschaft eine Staffelei steht mit einem Ausschnitt dieser Landschaft, der mit ihr aber nahtlos in eines aufgeht. Dabei macht sich das Bild im Bild scheinbar überflüssig und läßt seinen Maler vergessen. Aber es löst kopfschüttelndes Erstaunen aus, wenn man erfährt, daß es 150 Jahre eher da war und die Landschaft ringsum gleichsam um dieses Bild herum gewachsen ist. Wie konnte unsere Zeit in der damaligen schon so genau enthalten sein?

Bereits im letzten Jahrhundert hatte die deutsche Intelligenz eine Art Wackelkontakt zu Tocqueville, so daß seine Gedanken immer wieder aufleuchteten und im Dunkel versanken. Die unterschiedlichsten Geister haben sich auf ihn berufen; als reaktionär beargwöhnt, war er doch ein Hauptgewährsmann der frühen deutschen Demokraten. Er war die Lektüre von Marx und Lassalle, aber auch die konstitutionellen Monarchisten des Kaiserreichs beriefen sich auf ihn und seine Massenkritik. Wir hören wiederum von keinem Nazi, dessen Lieblingslektüre Tocqueville gewesen sei.

Er tauchte auf und verschwand, galt als überholt und machte dann wieder durch ein frappierendes Zitat wie das von Rußland und Amerika auf sich aufmerksam. Daß der Schein seiner Gedanken aber in Deutschland gleichsam von einem langsamen Stroboskop verbreitet wird, liegt keineswegs am Autor selber. Unbeirrt klar und dauerhaft strahlt das kühle, milde und kritische Licht aus Frankreich und dem vergangenen Jahrhundert herüber, ob es nun gerade ausgeblendet wird oder nicht.

In einer Gesellschaft, wo die Gleichheit gilt, so steht da zu lesen, herrschen die Juristen. Stimmt. Man hat da nie Zeit. Stimmt. Die Gebrauchsgegenstände sind aus billigem und schlechtem Material. Stimmt. Die Religiosität werde unverbindlich und belanglos sein. Stimmt. Der Bauer werde dem Städter immer ähnlicher sein wollen. Stimmt. Die Kunst, ihrer althergebrachten Themen aus Bibel und Mythologie beraubt, werde bizarr und unverständlich.

Nach und nach belebt sich für den Leser die Bühne des

Geschehens mit lebendigen Figuren, die er auch erkennen kann, wenn er vom Buch auf- und zum Fenster hinausschaut oder in die Zeitung sieht. In der demokratischen Gesellschaft liebe man die Bewegung um ihrer selbst willen. Ein Jogger.

Ein alter Bauer, etwa im Jahr 1910, sah erstmals im Leben einen Skifahrer und fragte entgeistert, wo denn der so schnell hinwolle. Ein philosophisch begabter junger Freund – der große Erzähler Wilhelm Dieß – macht ihm klar: der Mensch bewegt sich um so schneller, je weniger er weiß, wo er hin will. Es ist wie der behutsam und langsam ins nächste Jahrhundert weitergetragene Tocquevillsche Gedanke.

Die Herrschaft des Allgemeinen fördere allgemeine Wahrheiten, es würden also Begriffe gebraucht, die viel auf einmal abdecken. »Alles klar?« Die Wahrheit werde zunehmend subjektiv statt allgemein verbindlich empfunden werden. »Du, für mich ist das aber anders!« Das Streben nach kurzfristigen Genüssen werde das Leben der Bürger bestimmen. »I (Herz) Genuß sofort!« Was waren und wären eigentlich langfristige Genüsse?

Mit ungeduldigem Drängen werde der Mensch in der Gleichheitsgesellschaft alles aus dem Wege räumen, was der raschen Befriedigung akuter Befürfnisse im Wege stehe. Eine Lichthupe auf der Autobahn.

An die Stelle des Ruhmes werde die Bekanntheit treten. Ein Fernseh-Quizmaster. (Tocqueville selber ist noch mit »berühmt« weit treffender beschrieben als mit »bekannt«.)

Hinter unserer Gegenwart zeichnen sich nach und nach die Umrisse einer versunkenen Gegenwelt ab: Die Ehre werde mangelhaft umschrieben sein und wenig Macht haben. So ist es, wir denken an eine Parteispendenaffäre, an diese ganzen Kavaliersdelikte. Aber wir ahnen auch die Zeit der Kavaliere, wo allein der Verdacht eines solchen

Deliktes den Griff zur Duellpistole nach sich gezogen hätte, und selbst diese Ahnung ist im Schwinden begriffen. Die Bürger würden ihre Gefühle nicht mehr auf den Staat, sondern auf sich alleine richten. Gibt es eigentlich Gefühle, die man auf den Staat richten kann? Eine verborgene Kraft werde das Desinteresse für das politische Leben im menschlichen Herzen einpflanzen und unaufhaltsam wachsen lassen, bis dieses eines Tages ganz davon ausgefüllt sei.

Wenn unsere Bundestagspräsidentin ein Fachgremium einberuft, um mit ihm zu beraten, wie man das Interesse am parlamentarischen Geschehen in die Herzen der Jugendlichen einpflanzen könnte, so hat sich die Prognose bereits einmal in sich überschlagen müssen, weil die Wirklichkeit nicht nachgekommen ist, denn gepflanzt wird bereits das Gegenteil des Vorhergesehenen, wenn auch ohne die Gefahr der Wucherung.

Nicht so sehr, daß die Thesen von Tocqueville sich bewahrheitet haben und seine Prognosen eingetroffen sind, macht seine Lektüre heute spannend, sondern daß ihre Erfüllung stellenweise mitten im Vollzug begriffen ist, als würde das ausgehende Jahrhundert sich beeilen, ihm schnell noch einmal recht zu geben. Die Miet- und Grundstückspreise würden astronomisch ansteigen. Stimmt. Findet sich auch schon etwas über Selbstfindung und Meditation? »Ich wäre überrascht, wenn in einem ausschließlich um sein materielles Wohlergehen besorgten Volke die Lehren der Mystik nicht bald Fortschritte machten.« Voilà!

»Die Ungnade der Öffentlichkeit lastet schwer auf dem Geiste der Armee. Die Gemüter (der Soldaten) werden dadurch wie geknickt.« Die Bundeswehr. Würde ein moderner Geistlicher den Stellenwert solcher Quellen bezeichnen, so wäre es eine »geradezu beklemmende Aktualität«.

Keine Null weit und breit, keine Jahreszahl, die uns

Geburt (1805), Hauptwerk (1835/40) oder Tod (1857) von Alexis de Tocqueville nahelegen würde, um sich mit ihm zu befassen. Aber kein Zeitpunkt als der eines Nicht-Jubiläums wäre zur Erinnerung an ihn würdiger gewählt. »Ich zweifle nicht«, so könnte er geschrieben haben, »daß auch in demokratischen Völkern das Andenken großer Männer gepflegt wird. Aber der Geist der Gleichheit wird eifersüchtig darüber wachen, daß keinerlei individuelle Vorliebe einen unter ihnen bevorzugt, es sei denn, die Gunst der runden Zahl würde ihm zu Hilfe eilen. Denn allein der blinde Zufall wird als gerecht genug empfunden werden, einen einzigen aus dem Dunkel der Vergangenheit an die Sonne der Öffentlichkeit zu rücken und dies gleichzeitig so vielen anderen zu verweigern.«

Tocquevilles Porträt zeigt große, weitstehende, dunkle, mandelförmige Augen, die eher eine melancholische Auffassung von Zeitläufen als zugreifende Lust an ihrer Veränderung vermuten lassen. Als hätte sich darin die Klugheit auf seiten des Pessimismus geschlagen und wäre mit ihm zu besorgtem Weitblick von historischer Tiefenschärfe verschmolzen. Die Mundwinkel stehen eng, die Lippen sind schmal, die Unterlippe scheint ein bißchen hochgedrückt, als wäre die Hand im selben Moment in der besorgten Prüfung einer sehr kostbaren, aber ohne Aufsicht und Sachkenntnis gelagerten Ware begriffen: der menschlichen Freiheit.

Der junge Richter Tocqueville hatte sich vom Dienst beurlauben lassen, um dem Strafvollzugssystem der Vereinigten Staaten eine Reise zu widmen. Die trat er an mit seinem Freund Beaumont und kam nach einem knappen Jahr mit einer Fülle von Aufzeichnungen aus allen Teilen des Subkontinents zurück, lauter Skizzen, die aber nicht nur die Gefängnisse, sondern ein umfassendes Bild der amerikanischen Gesellschaft zum Gegenstand hatten.

Vierzig Jahre später bekam Amerika weit dauerhafteren

Besuch aus Tocquevilles Vaterland. Die französische Republik schenkte der amerikanischen Nation die Freiheitsstatue, eine weibliche Figur aus Bronze, die eigentlich um der revolutionären Tradition der Spenderrepublik willen eine Jakobinermütze hätte tragen müssen. Die Schriftstellerin Martina Warner vermutet in ihrem Buch über weibliche Symbolfiguren, daß der Kranz von Sonnenstrahlen damals bereits als weniger heiß für die Freiheit empfunden worden sei als eine rote Wollmütze, was ein erhellendes Licht wirft auf den Wandel im Begriff von Freiheit und Republik seit der großen Revolution und den Unterschied zwischen Europa und Amerika. Im Kopf dieser begehbaren Statue habe ein Schüler beim Anblick der vernieteten Metallplatten bemerkt, hier sehe es ja aus wie in einem Gefängnis. Als wäre es zur Erinnerung an Tocqueville, der Gefängnisse inspizieren sollte, aber die Freiheit untersucht hat.

Wie gestalten sich Demokratie und Freiheit in einem Staat, der nicht wie die europäischen Staaten in den Trümmern des alten Feudalsystems notdürftig etabliert ist, sondern sich ohne verfälschende Erbschaften und Nachbarstaaten, gleichsam in einer als Laborversuch angesetzten Freiheitskultur, im Großversuch ungehindert entfalten konnte? England hatte das Hauptkontingent der Einwanderer geliefert, das war günstig für Tocquevilles Studien, einerseits, weil sich die Aristokratie dieses Landes bei der Verfälschung des amerikanischen Bevölkerungs- und Freiheitsbildes zurückhaltend gezeigt hatte, andrerseits, weil die freiheitlichen Einrichtungen von Parlament und Justiz in England schon auf eine lange Tradition zurückblicken konnten und mitgebracht worden waren. Wenn ein Volk schon lange frei war, bevor es gleich geworden ist, so zählt das für Tocqueville zu den großen Chancen der Demokratie. Als wäre Freiheit eine Violine, bei der es nicht gleichgültig ist, von wem sie eingespielt wird und wie lange.

Es gibt gedankliche Ansätze von so zentraler Art, daß die Treffsicherheit ihrer Ausführungen sich gleichsam nebenbei und von selber einstellt. Man kann mit Grundursachen der gesellschaftlichen Entwicklung und mit deren Zielen global um sich werfen, ohne dabei jemals ins Schwarze zu treffen. Aber so wie hier braucht ein Autor eigentlich nur noch zu ernten und kommt mit dem Schreiben nicht mehr nach.

Was verändert sich zwischen den Menschen, wenn die Mehrheit unter ihnen die Macht ergreift?

Die Mehrheitsherrschaft ist das Prisma, durch das er sein skeptisches Licht fallen läßt, die Massendemokratie, wie sie in der Antike eben gerade keine Vorbilder hat. Und wie von selber fächert sich das Spektrum der Konsequenzen vor ihm auf. Anders als bei der natürlichen Brechung weißen Lichts ist es kein bunter Regenbogen, was sich da abzeichnet, sondern es sind die präzise auseinander hervorgehenden Konturen verschiedener Grauschattierungen. Sie wirken wie eine Gebirgslandschaft am Horizont im Fernrohrobjektiv, wobei die Entfernung erst einmal gar keine historische ist, sondern vielmehr die skeptische Distanz zur eigenen Gegenwart, weshalb es sich bei Tocquevilles Thesen auch weniger um Prognosen handelt als sozusagen um »Gnosen« im Sinn zeitloser Klarsicht; erst im nachhinein haben sie sich durch die historische Entwicklung als Prognosen bewahrheitet und heißen mit um so größerem Recht so.

Amerika, vor allem im zweiten Teil des Hauptwerkes, war wiederum mehr Ausgangspunkt und Vorwand zur Beschäftigung mit dem Schicksal der Freiheit unter den Vorzeichen der Gleichheit überhaupt, als daß es den Gegenstand für eine politisch-geographische Monographie gebildet hätte. Modern war dabei die empirische Methode der Beobachtungen in Verbindung mit theoretisch abgeleiteten Konsequenzen, die an die Stelle der alten Regeln der staatswissenschaftlichen Kunst trat, der rein theoretisch-philosophischen Spekulation. Es war genau die Zeit, wo auch in der Medizin die Anatomie der Theorie den ersten Platz streitig machte. Es war die Zeit, wo eines der berühmten Monster des Jahrhunderts erfunden wurde, das aus Leichenteilen riesenhafte zusammengestückelte Geschöpf des Dr. Frankenstein, das unheimliches Eigenleben entfaltete und den Anatomen anherrschte: »Du bist mein Schöpfer, so gehorche mir denn!« Dieses synthetische Wesen wirkt wie eine Allegorie der Mehrheit, die von jedem ein Stückchen hat und aus der Sicht Tocquevilles nun droht, die Möglichkeit zur Befreiung zunichte zu machen, durch die es entstanden ist.

Amerika, England und Frankreich bilden das Dreieck der für den Autor interessanten Nationen, ein Jurist, ein Katholik und ein Aristokrat treffen sich in seiner Person. Auf Frankreich deutet das Dreieck der Staatsgebilde hin, das heißt: Was hat das alles für uns hier und jetzt zu bedeuten, wo die Freiheit, anders als in Amerika, mit so schweren Hypotheken aus der Alten Welt belastet ist? Das andere Dreieck der Herkunfts- und Erziehungskomponenten hat die aristokratische Familientradition als Basis und setzt sich darüber aus juristischem Scharfsinn und ethischer Verantwortlichkeit zusammen, trägt also den Wunsch nach unbestechlicher Gerechtigkeit in sich.

Die Aristokratie sei derjenige Stand gewesen, der von der Revolution als allererster profitiert habe, so lesen wir. Denn nachdem das triumphierende Bürgertum die Lasterhaftigkeit der maroden alten Herrenschicht erfolgreich nachahmte, hätten sich die Aristokraten der alten Tugenden besonnen, um einen Ort für sich zu haben, an den man ihnen nicht mehr folgen mochte. Aus diesen Tugenden erklärt sich für den Autor selber ein Mangel an Eitelkeit ebenso wie ein aufopferndes Bedürfnis, für alle mitzudenken, was wiederum seine Ursache hatte in einer Eigenart alteingesessener Familien. Diese hätten, so findet sich an mehreren Stellen in ganz unterschiedlichem Zusammenhang, in einer Art Gleichzeitigkeit mit den vorangegangenen und nachfolgenden Generationen gelebt, also sozusagen quer zum Zeitablauf.

Wenn ein Holzinstrumentenbauer aus lange abgelagertem Holz das beste für eine Gitarrendecke auswählt, so müssen die Jahresringe genau senkrecht im Querschnitt der Holzplatten stehen und dürfen nicht schräg darin liegen. Das ist nur vom ersten Anschnitte eines geviertelten Stammes zu haben, und nur das gewährleistet erstklassige Klangqualität. Der Fachbegriff heißt »stehende Jahre« und mag hier als Hinweis gelten für die Überzeitlichkeit aristokratischen Weltbezugs. Wenn es in alten Landsitzen spukt, wenn die Ahnen plötzlich als Geister ihre Präsenz beweisen, dann ist darin sicher soviel wahr, daß die »stehenden Jahre« durcheinander durchklingen, weil sie alle auf einmal da sind.

Was also früher Landbesitz, Ruhm, Macht und Ehre einer Familie waren, die generationenübergreifend von einem ihrer Glieder für alle zukünftigen und verflossenen mitverwaltet wurden, das ist nunmehr das neuerrungene Vermögen der allgemeinen Freiheit, das der Demokrat Tocqueville im Sinne der Gleichzeitigkeit mit den kommenden Jahrhunderten theoretisch verwaltet. Es ist von vornherein für alle mitgedacht, »aprioristisch«, wenn man so will. Richtige Prognosen fallen dabei nebenbei ab, nicht viel anders als der Pachtzins vom Erbland.

Das verstärkt die Irritation, die mit dem Werk Tocquevilles immer verbunden war und die es seinen Anhängern auch immer so schwer machte, sich zusammenzufinden. Von einem Tocquevillianismus oder von Tocquevillianern, anders als von Marxisten oder Hegelianern, hat man nie gehört.

Der Richtung dieses Denkers fehlt bei aller Konsequenz die Stoßkraft und damit der sammelnde Schwung einer Bewegung. Mit professionell-juristischem Mangel an Verspieltheit geht er unbeirrbar geradeaus und scheint, von außen betrachtet, doch einen Zickzackkurs zu verfolgen. Das hängt damit zusammen, daß in den unterschiedlichen Regionen, die er gedanklich durchschreitet – und es gibt keinen Lebensbereich, der für seinen großen Überblick uninteressant wäre –, immer wieder andere Vorstellungen herrschten und herrschen von dem, was geradeaus ist. So bringt er das geheiligte Koordinatensystem unserer Meinungen durcheinander, in dessen Kraftfeld wir uns etwa daran gewöhnt haben, daß ein Kritiker der menschlichen Gleichheit eigentlich dorthin gehört, wo man auch den Nationalstaat befürwortet. Da wird etwas aufgeweicht: Der Gedanke der Gleichheit wird kritisch in Frage gestellt, gleichzeitig aber auch der Nationalstaat, weil jemand nachweist, daß der Gedanke des menschlichen und regionalen Artenschutzes mit dem der menschlichen Ungleichheit in einem keineswegs erzwungenen Zusammenhang steht.

Tocquevilles Kapitel sind ihrem jeweiligen Gegenstand in ihrer Länge individuell angepaßt und können damit auch das weniger Umfangreiche in den Rang einer Hauptsache erheben, ohne daß es gezwungen wird, sich an Quantität mit seinen Nachbarn zu vergleichen. Ihr Inhalt legt dem Leser dementsprechend nahe, auch einer einzelnen Meinung ihre Freiheit zurückzugeben, indem er sie zuerst befragt, ob sie richtig oder falsch sei, anstatt vor allem von ihr wissen zu wollen, wer sie sonst noch vertrete und was man somit alles in Kauf zu nehmen habe.

Wer oder was eigentlich dahinterstehe, diese Frage an eine frei geäußerte Meinung ist letztlich die kollegiale

Frage eines Bediensteten und nicht die eines souveränen Demokraten, wie Tocqueville ihn so leidenschaftlich postuliert. Der Präsident unserer Republik ist es, der sich das Recht nimmt, ohne Rücksicht auf Opportunität seine Meinungen quer durch alle Gruppierungen zu vertreten, gebühre nun der Lorbeer mehr ihm selbst oder dem Mann, der seine Reden schreibt. Das sichert ihm Vertrauen und Popularität auch bei Leuten, die gar nicht alle Meinungen mit ihm zu teilen brauchen, eine gleiche Gesinnung höherer Art, wie sie sich machtpolitisch so schwer formulieren läßt und formieren kann.

Tocquevillianer also gibt es nicht, jedenfalls nicht in Deutschland. In Frankreich gibt es sie sicher, aber damit wären die Bewohner des Dorfes Tocqueville gemeint, das der Familie seinen Namen gegeben hat. Dort hat sich Alexis de Tocqueville sonntags zu den Bauern ins Kirchenschiff gesetzt, wie uns der Tocqueville-Biograph Jardin berichtet, weil er seinen Platz in der Patronatsloge als nicht mehr zeitgemäß empfand.

Eine deutsche Fürstin hat dieser Jahre einmal bei einer großen Familienfeier zum Festgottesdienst den Platz in der Patronatsloge der Kirche beansprucht, fand dort aber alles von Fernsehgerätschaften besetzt, ein wahrhaft barockes Sinnbild für den Wandel von Zeit, Tradition und Herrschaft.

Der französische Staat changierte zu Lebzeiten des Schriftstellers und Politikers Tocqueville zwischen Republik und Monarchie, und die bangste Frage dieses Kritikers richtet sich ein für allemal auf die Republik, ob sie ihre Freiheit zwischen der Herrschaft des einzelnen und, nicht weniger katastrophal, der Herrschaft der Masse werde wahren können. Daß die Mehrheit in der Lage ist, Herrschaft, ja sogar Tyrannei, auszuüben, das zu erkennen verlangt eine Perspektive und ein Panorama, wie es sich nur von einem Aussichtspunkt zwischen den Systemen und Zeiten aus eröffnet. Denn nur, wer wie Tocqueville noch in der Alten Welt seine Heimat hat, kann in der Mehrheit eine handelnde Person erkennen, wie sie zu aristokratischen Zeiten den Staat in Gestalt des Monarchen in sich zusammengefaßt hat. Die Quelle der gesellschaftlichen und individuellen Geschicke ist noch kein Sachzusammenhang, der alles erklärt und gegebenenfalls entschuldigt, weil sich ihm niemand entziehen kann, sondern ist mit Verantwortung begabt und kann zur Rechenschaft gezogen werden.

Für den Leser tut sich etwas völlig Neues auf: Er kann einen Blick von außen auf seine eigene Welt werfen, wie er sie noch nie gesehen hat, weil er sie immer für unendlich hielt, für selbstverständlich wie die Luft zum Atmen. Etwas Absolutes wird relativ, etwas Unendliches bekommt Grenzen gesetzt und könnte plötzlich auch ganz anders sein. Die Kapitel des Hauptwerkes lesen sich wie das ausführliche Urteil eines hochqualifizierten und persönlich nicht bekannten Gutachters über die Person des Lesers, so genau, daß der sich kopfschüttelnd darin wiedererkennt, wo dem anderen doch nur ein paar Grundbedingungen bekannt waren und davon wiederum vor allem eine einzige: die Herrschaft der Mehrheit ringsum, und vor allem in ihm selber.

Wenn jeder und jedem der Aufstieg in die höchsten Positionen und Ämter offenstehe, dann werde ein so großer Andrang herrschen, daß der Ehrgeiz der Bürger auf Grund seiner Vergeblichkeit abstumpfe und das allgemeine Streben sich auf privates Glück richte, während die politische Macht und Kompetenz auf eine immer stärker werdende zentrale Verwaltung und Beamtenschaft gehäuft werde. Das ist eine ideale Lektüre am Kamin für jemand, der seinen Beruf eher nebenbei ausübt und erst in seinem Wochenendhaus richtig auflebt.

Tocqueville war Katholik, und, um neben der aristokratischen und der juristischen auch diese wichtige Komponente ins Auge zu fassen, es war der Jansenismus, der ihn durch Vermittlung eines verehrten Hauslehrers prägte. Diese theologische Schule mit speziell französischer Heimat und antijesuitischer Ausrichtung hatte die Lehren des heiligen Augustin in der Neuzeit weitergetragen. Bei ihm taucht die gottlose Menschheit als eine »massa damnata« auf, eine verdammte Masse, die ihren lasterhaften Begierden hilflos ausgeliefert erscheint. Man braucht Tocquevilles Staatstheorie keineswegs leichtfertig und direkt auf Augustinus zurückzuführen, um das bemerkenswert zu finden.

Der Mensch, einzeln oder insgesamt, sei keineswegs verdammt, sondern gut, sofern man nur die Deformationen der Unterdrückung von ihm und seiner Gesellschaft wieder abziehe, so hatten die antiklerikalen Leitgeister der Aufklärung, so hatte Rousseau gelehrt. Also konnte auch das Destillat der menschlichen Überzeugungen und Meinungen, konnte die Mehrheitsentscheidung nichts anderes sein als gut, sogar durch den allgemeinen Konsens, der ihr zugrundeliegt, noch geläutert und gesteigert. Tocqueville hat die Eigenschaft des Menschen, gut zu sein, nicht in Abrede gestellt, aber für ihn entstand sie erst durch die gemeinsame Ausrichtung aller auf etwas Höheres hin. Ansonsten war er sogar noch weniger gläubig als jene Vorkämpfer von Vernunft und Natur und wies, »verdammt gut«, auf die gleichsam chemischen Veränderungen hin, die zwischen den Menschen und damit in der Staatsmaterie einträten, sobald nicht mehr jemand, sondern etwas ihr Schicksal wäre.

Dort, wo der Mensch mit allen anderen auf einen einzigen Faden gezogen werden kann, hat er eben gerade nicht seine stärkste Stelle, sondern im Gegenteil gerade die, wo er am leichtesten durchzustechen geht. Die »verdammte

Masse« des Augustinus frönte noch vergleichsweise glänzenden und farbigen Leidenschaften. Die werden nun, in Tocquevilles beklagter Massengesellschaft, abgestumpft und eingeebnet zugunsten der einzigen, sanften, dabei zwanghaft-unbedingten, hektischen und unaufhaltsam weltumspannenden Leidenschaft des Eigennutzes, der Wohlstandsförderung und des raschen Geldverdienstes. Aus dieser Perspektive gesehen, hat der Kapitalismus in der Revolution und ihren Folgen viel mehr einen neuen Nährboden als eine Quelle für die Beseitigung seiner Übel, ein weiterer erfrischender Beitrag zur Erschütterung der vertrauten Stützen unseres Denksystems.

Der Schritt vom alten Staat zum neuen System war mit der Gefahr einer Täuschung verbunden, wie sich ihr jeder arbeitsame Angestellte oder Beamte noch heute hingeben kann. Er freut sich auf seine Pensionierung und glaubt, das Leben wäre danach für immer so wie bislang in seiner knapp bemessenen Freizeit, wo sich alles Lebenswerte für ihn verdichtet haben mag. Dann ist aber die viele Zeit, die er nun hat, plötzlich etwas ganz anderes als das, was er vorher meistens nicht hatte. Sie wird mit einer Vielzahl von Aktivitäten ausgefüllt, so daß es im Endeffekt wider Erwarten schwer ist, einen Termin zu bekommen, um den Befreiten über sein neues Glück zu befragen.

Entsprechend war auch die Freiheit schon bald nach ihrer Proklamation nicht mehr das, wofür ihre Helden gekämpft hatten. Die setzten selbstverständlich voraus, daß der Mensch, wie ihn das unfreie System gerade durch Unterdrückung ausgeprägt hatte, samt der Fröhlichkeit der Armen und ihrem brüderlichen Zusammenhalt gegen die Obrigkeit, die neue Zeit gestalten und beherrschen würde. Das Volk in der Alten Welt konnte hinreißende stürmische Feste feiern, wie artesische Brunnen, die sich durch den gewaltigen Druck von oben aufwärts Bahn brachen. Die fulminanten Ereignisse des Jahres 1989 waren, so gesehen, nicht das erste Fest der Neuen, sondern das letzte Fest der Alten Welt, weil diese Fähigkeit zu feiern, wie überhaupt die Öffentlichkeit des Glücks, eben durch die gefeierten neuen Verhältnisse langsam aufgelöst wurde.

Grau in grau und unentrinnbar zeichnet Tocqueville das Bild der Massengesellschaft, und an mehreren Stellen bedient er sich des Staubs als Metapher, um die große Zerstreuung anzudeuten, die Pulverisierung, die sich der Güter und Geister bemächtigt, der Bildungsschätze und Ländereien, der Erbschaften, der Großfamilien, der Bewußtseinsinhalte, der Konzentrationsfähigkeit jedes einzelnen.

Alles zerfließt; aus den überwundenen Zwängen entlassen, orientierungslos und allein auf sich gestellt, ist der Untertan von früher in gleichem Maße geschwächt wie befreit und kann gar nicht anders, als von großen und unwiderstehlichen Strömungen mitgerissen zu werden.

Die Stagnation, so Tocqueville in einer seiner dialektischen Wendungen, tritt ein in Gestalt von hektischer Betriebsamkeit, gegen die kein Aufruhr mehr hilft. Die Tyrannen der Alten Welt hatten immerhin noch den Vorteil der Köpfbarkeit, die neuen Zwänge aber sind deshalb nicht mehr zu beseitigen, weil sie ja unter Freiheit firmieren.

Diese Freiheit, vor nunmehr zwei Jahrhunderten unter Jubel mit vollen Segeln ausgelaufen, kreuzt jetzt auf wie ein amerikanischer Discount-Öltanker unter liberianischer Flagge. »Liberal«, dieses Wort, das für unsere Ohren so viel alltolerante Profitlichkeit abstrahlt, hatte seinerzeit noch die Frische von Aufsässigkeit und Erneuerungswillen, wie denn auch »Freiheit« selber damals noch weit entfernt war, von Konservativen als Ideal berufen zu werden. Dann setzte eine Entwicklung ein, die auch den engagiertesten Kritiker der Freiheitlichkeit verstummen läßt, weil er von ebendem Territorium aus operieren muß, das er angreift, oder sich selber den Boden ganz und gar entzieht. Tocqueville aber ist schon deshalb so schwer der Reaktion zuzuordnen, weil er die Freiheit als Errungenschaft der Revolution so leidenschaftlich vertritt und die Revolution nur insofern anklagt, als sie ihre Kinder schon nicht mehr in Gestalt der Dantons und Robespierres auffrißt, sondern in Gestalt aller ferneren Revolutionen, die sie erst in den Schatten stellt und dann vergeblich macht.

Setzt eine chemische Veränderung in dem Stoff, in dem sie sich abspielt, Kräfte frei, die eben diese Veränderung vorantreiben, so heißt der Vorgang »autokatalytisch«. Denselben Effekt kennt die Herstellung der Gleichheit in der menschlichen Gesellschaft: Einmal in Gang gesetzt, führt sie sich selber herbei, indem sie unwiderstehliche Gewalten entfaltet, sich alles anzuverwandeln, was noch Fremdkörper in ihr bildet. Freiheit sättigt sich, Gleichheit will immer mehr, und will für immer sein. Aus der Gleichheit der Menschen wird die Gleichheit der Zeiten, und sie wird zu dem, was die einzelnen um ihre Biographie, die Völker um ihre Geschichte bringt.

Was wird mit der Gedankenfreiheit als Errungenschaft der Revolution in der Mehrheitsgesellschaft? Sie wird zugestanden im gleichen Moment, wo sie der Mehrheit nicht mehr schadet. Die katholische Kirche hat die Freiheit des Gewissens zugestanden – selbstverständlich des von der katholischen Kirche geformten Gewissens. Die Mehrheit gesteht Gedankenfreiheit zu.

Wäre es ein Tyrann, der da herrscht, er hätte nichts anderes zu tun, als sich zurückzuziehen, nachdem die Weichen einmal gestellt sind. Und er hat sich in der Tat zurückgezogen: so weit sogar, daß es ihn gar nie gegeben hat, damit seine Wirkung um so gewaltiger von ihm ausgehen könne. So sehr auch die Unterschiede zwischen den Individuen, den Regionen und Städten geschützt werden mögen, sie verdecken eine geheime Normierung. Die Menschen und Völker werden sich immer ähnlicher, und dies, kraft der Selbsttätigkeit des Vorgangs, auch ohne sich nachzuahmen.

Das droht Europa: Kratz an Lederhose, Stierkampfkostüm oder Schottenrock, du bringst überall dasselbe zum Vorschein: Jeans und T-Shirt. »Das menschliche Bild der Einheit ist fast immer unfruchtbar, dasjenige Gottes unfaßbar schöpferisch. Die Menschen wähnen ihre Größe zu beweisen durch Vereinfachung des Mittels. Gottes Ziel ist einfach, seine Mittel sind unendlich mannigfaltig.« So schreibt Tocqueville an einer seiner schönsten Stellen, im Kleingedruckten einer Anmerkung.

Der Verlust des Gefühls für den Verlust ist ein Hauptinstrument der gesellschaftlichen Autokatalyse. »Was man nie genossen hat, kann man weder vermissen noch begehren«, so heißt es bei der Klage über den Verlust der Umgangsformen. So ist es mit der allgemeinen Bildung, nicht anders ist es mit dem persönlichen Format von Führungskräften, was nach keinem demokratischen Gesetz eingeklagt werden kann.

Die Schrumpfung und Erstarrung des Meinungsbildes erklärt sich durch eine autokatalytische Eigenart der Zeitungen: Sie stellen öffentlichen Konsens her. Um aber gesehen und gelesen zu werden, müssen sie von eben diesem Konsens bereits in hohem Maße ausgehen. Lauter Sachzwänge, deren Macht man sich in der Mehrheitsgesellschaft um so williger beugt, je weniger ein Wesen von Fleisch und Blut dafür verantwortlich gemacht werden kann. »Meine Bereitschaft, mich unters Joch zu beugen, wird nicht größer dadurch, daß eine Million Arme es mir hinhalten«, schreibt Tocqueville. Und er weist die selbstläufige Vermehrung des Sachzwangs nach: »Nachdem man gesehen hat, daß man (. . .) nachgibt, ist man nahe daran, zu glauben, daß man (. . .) nicht widerstehen konnte!« Schließlich wird man die Empfindung hegen, sich frei dafür entschieden zu haben.

In festlichen und dauerhaften Farben baut sich hinter der demokratischen Wirklichkeit und ihrer Verteidigung immer wieder das Bild der aristokratischen Ordnung auf, deren Glieder, welchen Standes auch immer, auf vorgezeichneten Bahnen gemessen voranschreiten, weil sie gar keine andere Wahl haben, arm vielleicht, aber niemals wirklich einsam, ohne die Langsamkeit erst erfinden und ohne den Glanz, das Abenteuer, das Feuerwerk des Lebens künstlich und seriell vorgefertigt beigeben zu müssen. Die Verderbtheit der Fürstenherrschaft und die Gründe ihres Zusammenbruchs werden hellsichtig klargelegt, aber wenn der Staatskörper zerfällt, dann verflüchtigt sich auch die Grazie des Gesamten. Weil es eine Demograzie nicht gibt, erstrahlt das Bild der untergegangenen Aristograzie um so anmutiger.

Schon ahnt der Leser die Verführung zu Gestrigkeit und Reaktion, schon glaubt er, sich als Gegengift zur Verklärung des Versunkenen einen Bauern am Rande seines schnittreifen Kornfeldes vorstellen zu müssen, dem vom jagdfreudigen Junker der Peitschenstiel über den entblößten Schädel gezogen wird, und schon geht es wieder nicht auf. Mit allen Kräften des kritischen Verstandes, wenn auch ohne jede unaristokratische Begeisterung, steht der Autor auf seiten der Demokratie.

Weit entfernt von jeder Genugtuung über die klar erkannten Fehlentwicklungen, ist Tocquevilles Werk voll von eindringlichen und händeringenden Mahnungen, die errungene Freiheit nicht einer schleichenden und unbewußten neuen Tyrannis zu opfern, sondern mit allen Mitteln dagegen anzusteuern. Demokratie und Mehrheitsherrschaft stehen nirgends zur Disposition, wenn sie auch mehr als Schicksal denn als Fortschritt empfunden werden, und ihnen gehört ohne jeden Zweifel die Zukunft.

Durchaus progressiv für einen Sohn der Restaurationszeit, war Tocqueville mit einer Bürgerlichen verheiratet, einer Engländerin, die weder durch Erscheinung noch durch Esprit den Vorzug gerechtfertigt haben kann, der ihr von ihrem Mann vor einer Standesgenossin zugestanden wurde. Sie wirkt für sein Privatleben wie die Demokratie für seine politische Überzeugung, wie eine Allegorie der bürgerlichen Mehrheit an seiner Seite, zu der er treu gestanden hat wie zu einem Schicksal.

Ein Psychoanalytiker hätte es nicht schwer, die gegenläufigen Überzeugungen des Herzens und des Verstandes bei Tocqueville, hier für das alte System, dort für die Demokratie, »double bind« zu nennen, also eine unausgesprochene Widersprüchlichkeit darin nachzuweisen. In der Tat scheinen seine Überzeugungen stellenweise mit ihm selbst weit auseinanderzugehen. Aber andrerseits verhilft gerade die Klage über den Verlust der Alten Welt der Überzeugung für die Notwendigkeit der neuen zur Glaubwürdigkeit. Wenn ein Sänger aus der alten Zeit etwas nicht ändern kann und es dennoch nicht verschweigen will, dann singt er ein Klagelied. Das beschwert zwar Gemüt und Bewußtsein mit Kummer, entlastet aber dafür die Seele um ungleich viel mehr Verborgenes, was ausgesprochen und sichtbar gemacht wird. Klage im musikalischen wie im politischen Sinn ist eben nicht weltfremd, sondern im Gegenteil realistisch, weil sie nichts ausblendet.

Dabei kann man eine Klage nicht weniger weinerlich anstimmen als der fromme und nüchterne Jurist Tocqueville, von dem man sich beim Lesen fragt, wie einem ein so kühler Mensch so aus dem Herzen sprechen kann. Seine demokratische Überzeugung hat durch die seelische Heimat in der Alten Welt ein unnachahmlich solides Fundament: Mit ergebenem Gottvertrauen begreift er die Weichenstellung zur Demokratie als ein Werk der Vorsehung. Um sich nach der Aristokratie zurückzusehnen, müßte er also im Kern gegen seine Erziehung und Überzeugung, gegen sich selbst verstoßen. Aber er leidet unter dem Verlust und der Selbstverleugnung, die mit dem Verzicht verbunden ist. Hier ist genau die Stelle, wo sich das Christliche bei ihm mit dem Aristokratischen überschneidet.

»Ich bin voll Kummer« heißt auf englisch »I am sorry«, was einen frommen sowie einen noblen Weltbezug in sich zusammenfaßt. Es ist die Klage über etwas, was nun einmal so ist, weil es nicht anders sein kann, und der mit einem »aber« die Konsequenz angehängt wird.

Nichts ist bezeichnender für den Transfer der Alten zur Neuen Welt als das Wörtchen »sorry!«, mit dem sich ein rempelnder Ellebogen in der Warteschlange vorarbeitet. Da führt jemand noch das Leid auf den Lippen, um sich den damit verbundenen Anspruch zu sichern, leidet aber gerade nicht mehr, weil er im Begriff ist, sich damit durchzusetzen. Es ist niemand anderes als das aufsteigende Bürgertum. Eine Last von Sorgen vor diesem Wandel, eine Anzahl zu lösender Probleme nach ihm. Für Tocqueville ist die Herrschaft der Mehrheit noch weniger ein Problem, das man beseitigen könnte, als vielmehr eine Sorge, der man Rechnung tragen muß. Er rempelt nicht, er leidet, und zwar mit Lässigkeit und Disziplin. Eben das macht seine Weltsicht so ärgerlich für seine Gegner. Denen macht er es aber dadurch wieder schwer, daß er nirgends der Versuchung der Süffisanz und des hämischen Besserwissens unterliegt, mit der sich mancher Intellektuelle von der belehrten Masse abzuheben trachtet, mit der er doch die Bedingungen gemeinsam hat, unter denen auch er selber lebt. Tocqueville ist »sorry« im alten Sinn, er überhebt sich nicht. So hat er sich auch nicht überlebt.

Der Amerikareisende Tocqueville war ein Bewunderer der Indianer, ihres freien Stolzes, ihrer Höflichkeit und ihres kriegerischen Mutes. Darin mag er die Ideale seines Standes wiedererkannt haben, und er selbst ist einem alten Indianerhäuptling nicht unähnlich, der sein Volk noch gekannt hat, bevor sich die unaufhaltsame Zivilisation von Osten her darübergeschoben hatte, und der nun seinen Enkeln zweierlei klarmacht: daß man sich mit den Weißen arrangieren muß, weil die eigene alte Welt dahin ist, und zweitens, was das eigentlich für eine Welt war. Niemand hat die Unumstößlichkeit der Massenherrschaft klarer erkannt und festgestellt als Tocqueville, ihr unumstößlichster Kritiker.

Gleichsam von der Seite, vielleicht ungewollt und entsprechend schwer zu entdecken, schiebt sich bisweilen der Spott in den nüchternen Fluß der Gedanken. »Die Amerikaner«, so schreibt er, »bezeugen ihre lange Gewöhnung im parlamentarischen Leben dadurch, daß sie sich zwar nicht schlechter Reden enthalten, sich aber mutig ihrem Anhören unterziehen.« Oder: Er habe sich immer gefragt, warum so viele Amerikaner sich öffentlich zur Enthaltsamkeit von geistigen Getränken verpflichten, anstatt sich darauf zu beschränken, im Kreise ihrer Familien Wasser zu trinken. Dann sei ihm klar geworden, daß sie damit ein Beispiel und ihrer Verantwortung für alle Ausdruck geben wollten. Daß sich die Amerikaner in zwei Weltkriegen und seither immer wieder eben nicht darauf beschränkt haben, ihren Kontinent zu hüten, das mag sich für uns späte Leser aus ihrer Abneigung erklären, im Kreis ihrer Familien Wasser zu trinken.

Die demokratische Gesellschaft isoliere die einzelnen, die ohne Möglichkeit von täglichem und stündlichem Kontakt weit über das Land verstreut lebten, das ergab die Beobachtung des Lebens in Amerika. Nun sei ein Ort der Orientierung vonnöten, an den sich jeder halten könne, und so taucht die Institution der Presse auf mit ihrer großen demokratisch-freiheitlichen Bedeutsamkeit. »Alle wenden sich alsbald dieser Lichtquelle zu, und die irrenden Geister, die sich seit langem in der Finsternis gesucht haben, treffen sich endlich und vereinigen sich.« Es kann gar nicht absichtlich sein, aber es ist nicht zu übersehen: Myriaden von Insekten umschwirren in einer heißen Sommernacht das fahle Licht einer Laterne, die Quelle der allgemeinen Orientierung. Ein lucides Bild von melancholischer Unheimlichkeit, wie es eine zeitgenössische Lithographie, nach einer Zeichnung von Grandville vielleicht, auf der Titelseite einer Pariser humoristischen Zeitung der großen Öffentlichkeit zugänglich gemacht haben könnte. Und schon zeichnet sich in Tocquevilles Bild von der Leucht- und Anziehungskraft der Veröffentlichung das matte bläuliche Flackern ab, wie es bei uns zur Nachtzeit die Fenster ländlicher Siedlungen illuminiert, das Fernsehen, die Macht der Medien. Man könnte leicht noch auf die Spinnennetze hinweisen, die sich um nächtliche Laternen spannen, und hätte damit gleich die Werbung mit inbegriffen, wie sie den schwirrenden Verkehr um das Tor zur allgemeinen Aufmerksamkeit für sich nutzbar macht.

Die melancholische bis grausige Unheimlichkeit, die zur Zeit der vorletzten Jahrhundertwende Eingang in die Kunst fand, stimmt zusammen mit dem großen Umbau in der Auffassung von Geschichte, nach dem nicht mehr handelnde Geschöpfe die Geschichte bestimmen, sondern unkontrollierbare und selbsttätige Zwänge. Was in seiner Wirkung zu verspüren, aber nicht greifbar ist, wird zum Gespenst. Das ist der düstere Hintergrund für Gemüt und Werk des Schriftstellers Tocqueville, vor dem er das hochgehaltene Licht der Vernunft aufpflanzt, weshalb im Zwielicht vieles erscheint, was sonst nicht deutlicher, sondern gar nicht mehr sichtbar wäre.

Es ist das Zwielicht aus Freiheit und Unfreiheit, alter und neuer Herrschaft, Alter und Neuer Welt, in das er seine Epoche kritisch stellt. Er tut es aber nicht ohne die entscheidende Option auf Klärung und Läuterung. »Die Nationen unserer Tage können nicht bewirken, daß die gesellschaftlichen Bedingungen nicht gleich seien. Von ihnen jedoch hängt es ab, ob die Gleichheit sie in die Knechtschaft oder in die Freiheit . . . führt.« So lautet das Ende des zweiten Bandes der »Demokratie in Amerika«, also der Schluß des ganzen Werkes. Es ist nicht so, daß wir ihm, anderthalb Jahrhunderte später, Antwort geben könnten, wie es denn nun gekommen sei. Wir fühlen uns vielmehr auf ungekannte Art vor die Frage gestellt, ob es Freiheit oder Knechtschaft sei, worin wir leben, und spüren den Appell darin um so direkter.

Die alte Mischung hat sich nicht aufgelöst, sondern verfestigt und etabliert. Der freie Bürger unserer Tage hat aus der Fürstenzeit die große Entlastung herübergerettet, die mit der Delegation politischer Aufgaben verbunden ist, eine Art Befreiung von der Freiheit. Aus dem neuen System hat er sich die Rechte und Ansprüche eines souveränen Machtträgers dazu gewählt, was eine schwer zu widerlegende Emulsion ergibt, die den neuen Untertanen durch ihre Vorteile besticht und in der man sich lange darüber streiten kann, ob die Unfreiheit auch dann noch eine solche ist, wenn sie gar nicht so empfunden wird.

»Die Alte Welt klingt lange nach«, schreibt Tocqueville. Um so länger, je schneller sie abgelöst wurde, so ergibt sich aus dem Text. Also ist sie sehr deutlich bei uns vernehmbar und wäre sie das nicht, so könnten wir gar nicht verstehen, was er eigentlich meint mit seiner großen Skepsis. Er warnt aber eindringlich davor, Ideale aus der Alten Welt in die Neue herüberretten zu wollen, die aus ihren eigenen Gesetzen heraus beurteilt werden müsse. So schwer macht er es heutigen Lesern, die mit ihm fraternisieren möchten, indem sie es sich in einer großen Resignation bequem machen.

Dabei ist die Hoffnung, die er für die Welt der menschlichen Gleichheit nach Kräften, wenn auch spärlich, aufrecht erhält, wiederum von zweierlei Art, wie könnte es anders sein. Auf der einen Seite stehen – trotz aller Warnungen eben doch – die ins Demokratische übertragenen Tugenden der alten Ordnung, die der Freiheit eingepflanzt werden müßten, wolle sie nicht in Knechtschaft umschlagen. Da ist das Studium der Antike, das er empfiehlt, wie überhaupt jede Bildung, die den einzelnen in seinem Urteil unabhängig macht und die ihn die Vorteile seiner Freiheit erst erkennen und wahrnehmen läßt. Und zwar meint er die berufsunabhängige Bildung, nicht die Egalisierung der Einkommenschancen, die das Freiheitsrecht der Bildung für alle bei uns da und dort in den Schatten zu stellen droht.

Da ist der Ehrgeiz, dem schwierige und große Aufgaben künstlich zugewiesen werden müßten. Da ist eine großzügigere Meinung, die der demokratische Bürger von sich und seinesgleichen haben sollte. Es fehle ihm nämlich nicht an Demut, sondern der Stolz gerade in all jenem Superioritätsbedürfnis über den Nächstgleichen und in der entrüsteten Zurückweisung jeder Art von Bevormundung. Da ist der Wunsch, daß in der Demokratie nicht die Gunst des Volkes das Können und die Dienste zum Aufstieg in die entscheidenden Positionen ersetze. Da ist schließlich die Religion.

Eine Wahrnehmung am Rande, aus der Architekturgeschichte, weist mit dialektischer Geschliffenheit nach, welch unerwartete Wirkung die Frömmigkeit auf das Leben im Diesseits entfalten kann: Je nichtiger das weltliche Leben und je wesentlicher das Jenseits für ein religiöses Volk sich darstellt, um so ewigkeitsbeständiger fallen seine großen Bauwerke aus. So ist es gerade die Ewigkeit, die auf Erden Zeit spendet, zu großen Vorhaben und überhaupt. Das religionsferne Pathos der Diesseitsintensität mit seiner Ungeduld sofortigen Genusses und intensiver Zeitnutzung dagegen etabliert sich gern in vergleichsweise klapprigen Provisorien, weil ihm die Zeit fehlt. Tocquevilles schmale Hoffnung richtet sich nun darauf, daß die Menschen durch die Notwendigkeit, die Stillung ihrer Bedürfnisse langfristig abzusichern, von selbst wieder darauf kommen, über ihre engen Grenzen hinauszublicken, um von der anderen Seite her wieder auf die Religion zu stoßen.

Bei Karl Marx ist die Arbeit der Zentralbegriff und Gegenstand der Entfremdung. Bei Tocqueville ist der Zentralbegriff die Freiheit; als Gegenstand der Entfremdung aber schält sich, je länger man liest um so deutlicher, die Zeit heraus. Der Raub an der Gegenwart ist der teuerste Preis, der für die Freiheit zu entrichten ist, und gleichzeitig ihre größte Gefährdung. Wer vielleicht einmal mit lächelndem Kopfschütteln vermerkt hat, wie sich innerhalb zweier Jahrzehnte die studentische Arbeiteragitationsgruppe zum Meditationszirkel gewandelt hat, der merkt nun, daß es nicht Welten sind, die beide trennen, sondern nur zwei getrennte Ansatzpunkte, die demselben entgegenwirken wollen: einer einzigen großen Entfremdung in zweierlei Gestalt.

Sind es nun nicht die Tugenden aus der alten Zeit, die gegen die neuen unsichtbaren Despoten antreten könnten, sondern eigene demokratische Kräfte, so ist alles ein Segen für die Freiheit, was dem staatlichen Zentralismus entgegenwirkt. Die Amerikaner, schreibt Tocqueville, hätten nie eine Zentralgewalt zu stürzen gehabt und hätten deswegen auch keine aufgebaut. Nebenbei ergibt sich daraus, wie schwer es ist, etwas zu bekämpfen, ohne es zu übernehmen.

Europa schickt sich dieser Jahre an, ein Gegengewicht gegen die Vereinigten Staaten zu bilden, indem es sich deren föderativem Staatenbundsystem angleicht. Aber die Angleichung Europas an Amerika ist, wie schon damals, in entscheidenden Details unvollständig. Ebenso, wie wir von den Amerikanern zwar das Prinzip der »fast food« übernommen haben, nicht aber die Geschwindigkeitsbeschränkung, so übernehmen wir die Staatenföderation ohne das amerikanische Verständnis von Föderalismus, dem die Autonomie der zusammengeschlossenen Staaten viel selbstverständlicher ist als uns. Das ist verhängnisvoll im Sinne Tocquevilles, dessen dringende Nachfrage sich an alle Zwischengewalten richtet, die das Glied einer Gemeinschaft vor der unkontrollierbar erstarkenden Zentralmacht abschirmen.

Da ist eine möglichst große Vielfalt der freien Presse, was dem Leser der einzigen Zeitung seiner Stadt, die selber wiederum einem Konzern gehört, zu denken geben mag.

Da ist der Staat, der seinem Bürger in möglichst überschaubaren und selbständigen Einheiten begreiflich gemacht werden müsse. So geht das Engagement für die Öffentlichkeit nicht verloren, durch das allein die freie Entfaltung der Persönlichkeiten gewährleistet wird. Daß zwischen der Herrschaft der Masse und der eines einzelnen nichts übrigbleiben werde, ist Tocquevilles Sorge für die Entwicklung der Demokratie. Derselbe Schwund der Mittelbereiche ist nun zwischen nationaler Begeisterung und desinteressiertem Individualismus der Bürger zu befürchten.

Jede Region, die ihre Eigenart wahrt, jede Stadt, die sich gegen Zusammenlegung wehrt, jede Bürgerinitiative hätte Tocquevilles Beifall gefunden, wenn er nicht sogar in der Bürgerinitiative den reinsten Ausdruck demokratischer Freiheit erblickt hätte. Denn die wirkliche Wahrnehmung freier Bürgerrechte werde als lästige Störung im reibungslosen Verwaltungsablauf empfunden werden, so war seine Befürchtung, und die entsprechenden Energien drohten, ganz im Sinne bequemer Verwaltbarkeit, zu erlahmen, und damit auch die besten Kräfte jedes einzelnen.

Manchmal werden Tocquevilles Hoffnungen, kaum ausgesprochen, gleich wieder zunichte gemacht. Er gibt den Gegnern der Demokratie sehr wirkungsvolle Waffen in die Hand, nämlich seine eigenen, und gibt sich dann diesen Waffen als Demokrat fast schutzlos preis. Es steckt darin, wenn nicht Verzweiflung, eine Art zu kämpfen, die ihm im theoretischen Streit um die Gesellschaftssysteme allemal das Kostbarste gesichert hat, was dem Verfechter einer Position nachgesagt werden kann: die Hochachtung seiner Gegner. Keine Richtung oder Partei darf Tocqueville für sich in Anspruch nehmen, ohne einen Teil seiner Gedanken zu unterschlagen. Diese Unfügsamkeit hat jedoch dazu geführt, daß er gern insgesamt ausgeblendet worden ist. So ist er wiederum mit der politischen Position von Goethe verbunden, der einmal als Antwort auf das Ansinnen, er solle Stellung zur Französischen Revolution beziehen, gesagt hat, er stehe voll und ganz auf ... seiner Seite.

Es gibt einen Grad von Berühmtheit, der seine Inhaber schützt, indem er einen Angreifer in jedem Fall mehr in Frage stellt als den Angegriffenen. Der kommt für unsere Begriffe in zentralem Sinn dem Dichter Goethe zu. Am Rande oder nicht, jedenfalls zweifelsfrei, ist der hochgerühmte Tocqueville in den Kreis der Zugehörigen eingeschlossen. Wie Goethe hat er seine Heimat in der alten aristokratischen Welt mit ihrem Bildungs- und Formenschatz und gewinnt Kontrast und Kontur aus dem Umbruch, indem er als ein Bestandteil der Alten Welt in die Neue hineinragt.

Man kann nicht umhin, die »Demokratie in Amerika« als

aristokratisches Lamento zu lesen. Noch weniger aber kommt man daran vorbei, die unerbittliche Kraft des Zurechtrückens verkrümmter Freiheitsbegriffe auf sich wirken zu lassen, wenn man ehrlich liest, oder vielmehr: sich etwas lesen läßt, nämlich die demokratischen Leviten.

Freilich erfordert die Lektüre eines zweibändigen Hauptwerkes von über zwölfhundert Seiten einige Ruhe und Konzentration, deren Verlust aus seinen Ursachen heraus in eben diesem Werke nachgewiesen wird: Dem freien Bürger würde sich täglich und stündlich eine so große Vielzahl verlockender Möglichkeiten anbieten, die er sich alle offenhalten wolle, aus Angst, etwas zu versäumen, daß er einer großen Verzettelung und Konfusion zum Opfer fallen werde. Es ist, als hätte der Tyrann der Mehrheit durch lustvoll empfundene Zerstreuung seinen Untertanen die Waffen aus der Hand genommen, die ihn gefährden könnten. Aber es ist auch so, als würde dieser Tyrann beim Lesen Kapitel für Kapitel entmachtet. Die ganz andere Zeit der Aristokratie, die hinter der flachen Mehrzweckhalle der Mehrheitsdemokratie immer wieder auftaucht, als wäre sie das Olympiazeltdach von München: in mehreren Spitzen angehoben und elegant daraufhin verstrebt, diese ganz andere Zeit, die sich auch in Stil und Aufbau des Werkes niederschlägt, wird plötzlich zu einer Zeit, die man selbst haben kann, indem man sie sich nimmt. Man wird gleichsam selbst in seinen Spitzen angehoben und daraufhin konzentriert.

Von Tocqueville seine demokratische Überzeugung abzuziehen wäre wohl die schlimmste Verfälschung seiner großen Arbeit. Bei uns als seinen Lesern aber den Anteil der Alten Welt, den wir weitertransportieren, ob wir wollen oder nicht, nicht mit einzubeziehen, wäre unrealistisch. Nachdem nun der Autor so wenig stehengeblieben ist, wie er konnte, wie könnten wir also bei ihm stehenbleiben, ohne uns zu fragen: Was wäre Bildung für alle, die nicht eingespannt wäre in den mörderischen Schraubstock der Konkurrenz, ohne dabei seicht zu sein? Was wäre Freizeit, ohne daß kein Mensch Zeit hat? Was wären gleiche Aufstiegschancen, ohne daß am Ende die »headhunters«, Kopfjäger also, die letzten profilierten Persönlichkeiten dieser aussterbenden Spezies der Konkurrenz abjagen müssen? Wie könnte man Minderheiten schützen, ohne sie sich anzugleichen?

Wie, und das trifft Tocquevilles Kritik der Demokratie im Kern, wie kritisiere ich etwas, ohne mich gleich fragen lassen zu müssen, was eigentlich die Alternative wäre?

Mit einem Wort: Ist die demokratische Freiheit souverän, so darf man sie aus ihren eigenen Ansprüchen heraus beurteilen. Ist sie eine Domestikin, so muß sie sich vergleichen lassen. So bekommen wir beim Lesen zu fühlen, was wir eigentlich an ihr haben, auch in Gestalt dessen, was durch sie verlorengegangen ist.

Das neue Du

WARUM DUZEN WIR IM VERKEHR ANDERE AUTOFAHRER? ES gibt eine radikale Antwort: Wir sind der andere letzten Endes selber, wir duzen ihn als die eigene Person.

In der Kolonne fahrend, kann es passieren, daß man etwas länger als gewöhnlich in den Rückspiegel schaut und erschrickt: Der Mann im hinteren Auto sitzt doch rechts am Steuer! Sind wir in England? Erst umständliche und anstrengende Gedankensortierungen bringen den Nachdenklichen wieder aufs Geleis: Der Mann im Spiegel sitzt rechts am Steuer, aber nur dann, wenn man sich in ihn hineinversetzt, also von ihm selber aus gesehen. Wir fassen nichts auf und begreifen nichts, ohne es erst einmal selber zu sein und dann eben doch wieder nicht.

Die Weltsicht, die darauf baut, daß alles in der Welt einen großen einzigen fühlenden Organismus bildet, heißt Sympathie, in sehr viel weiterem Sinn, als das allgemeine Nettfinden, was wir mit diesem Wort verbinden. Jeder Teil spürt jeden anderen, weil er schließlich mit ihm eins ist. Man kann, wie es bei Lichtenberg heißt, keinen Kirschkern in die Nordsee spucken, ohne daß einem Mynheer in Holland ein Wassertropfen ans Bein spritzt. Das Wort »Umwelt« ist in diesem Sinne kein sympathisches Wort, weil es die Welt in Einzelteile zerlegt, die jeweils nur für sich betroffen sind. Die Welt Umwelt zu nennen heißt, sie wie eine allzeit verfügbare Domestikin, die man allenfalls gut behandeln müsse, nach unten hin zu duzen. Sympathetisch gesehen, tut es der ganzen Welt weh, wenn in der Südsee eine Bombe explodiert, und nicht bloß da drunten irgendwo.

Wir sprechen etwas an, womit wir an einem Stück hängen, wir treten in Verbindung mit etwas, was wir selber sind. Da heißt es Abstand halten! Denn Einheit in der Sympathie bedeutet auch die Gegenläufigkeit und die Abstoßung ihrer Teile, »da wir«, so Goethe in einem Brief an Charlotte von Stein vom 10. April 1773, »die Liebenden fliehen und die Fliehenden lieben«.

Jesus, bei der Hochzeit zu Kana, bevor er sich zum Zaubern anschickte, sprach zu seiner Mutter: »Weib, was habe ich mit dir zu schaffen?« Die Kommentatoren von Jahrhunderten haben sich überschlagen in begütigenden Erklärungen dieser schroffen Abweisung, hier von Luther übersetzt. Bei Rudolph Steiner steht zu lesen: »Was webt zwischen dir und mir?« Dabei ist der Urtext lapidar. Wörtlich: »Was dir und mir, Weib?« Dies war, an wen auch immer gerichtet, eine verbreitete Redensart und keineswegs heilig, sondern nützlich, unter anderem, um sich gewisse Zudringlichkeiten vom Leibe zu halten. »Du, wenn du schon nach Ephesus segelst, könntest du eigentlich gleich meine Schulden beim Apollodor bezahlen und mir fünfzig Fruchtbarkeitsstatuetten mitbringen!« Antwort: »Was dir und mir?«

Die Formel fragt unerbittlich nach dem Dritten, was zwei Personen etwa gemeinsam hätten. Die Nonchalance, die drin steckt, mir nichts, dir nichts, hat sich inzwischen auf die andere Seite geschlagen und ist in die Anrede gerutscht, indem man, mir nichts, dir nichts, von Menschen geduzt wird, die man noch nie im Leben gesehen hat. Ein Student, der leicht mein Sohn sein könnte und Oliver heißt, streicht gegen Stundenlohn mein Badezimmer, das heißt, er duzt mich mit noch etwas größerem Eifer, als er streicht. Student Oliver, was webt zwischen dir und mir?

Es duzt der Rockgitarrist den Kulturreferenten der Kleinstadt, es duzt der Anästhesist die junge Buchhändlerin, es fleht der Lithographiedozent die kichernden Kunststudentinnen an, doch bitte Achim zu ihm zu sagen, es duzt der Zivi in der Klinik den todkranken Bauern, der Vorarbeiter den Türken, der Software-Vertreter den Stammesfürsten, es duzt der Dompteur im Zirkus den Löwen, den König der Wüste. Er hält ihn in Schach mit der Peitschenspitze, die er vor seiner Nase tanzen läßt, der Abstand bräuchte, um sich wehren zu können. Aber etwas ist in seinen Nahbereich eingedrungen und lähmt ihn mit dem Gefuchtel vor seinen Augen. Es bleibt ihm nichts, als das Kinn zurück und die Brauen in die Höhe zu nehmen, wie auch wir tun, wenn uns ein ungebetenes Du um die Nase wippt, wie Weitsichtige, die ihre Brille nicht da haben und sich auf diesem Wege Distanz verschaffen. Militärisch gesprochen – das Militär sei uns immer ein Lieferant anschaulicher

Metaphern! – ist es die Tieffliegerei, die in ein Territorium eindringt, indem es die Radarsysteme der Abwehr unterläuft. Das neue Du ist schwer zu orten und die Identität eines anfliegenden Objektes kaum auszumachen. Aber eines ist von vornherein klar: Du bist nichts Besseres als ich, wir können über alles reden, und wir lieben uns.

»Und was machen *Sie*?« fragt man bei einer Gesprächspause den Nachbarn, während irgendeiner Geselligkeit, und dann kommt, genüßlich in die Länge gezogen und, zum Ausdruck der Gelassenheit, eine satte Quint tiefer als sein gewöhnlicher Sprechpegel, das Tiefflieger-»duuuuu. . .«. Nach dieser vereinnahmenden Mitteilung kommt noch irgendwas von jenem Herrn, von dem ich keineswegs behalten habe, wie er heißt, und der jetzt die milden Bomben seiner Vertraulichkeit auf das empfindliche Terrain unserer Souveränität fallenläßt, weil wir alle nicht recht wissen, wie wir eigentlich miteinander umgehen sollen. Die Unsicherheit der Bewohner hat es Eindringlingen schon immer leichtgemacht.

Die Annäherung von Körpern, lebenden oder unbelebten, hat ihre eigenen Gesetze, Belohnungen und Bestrafungen. Das Fußballtor hat seinen Strafraum, das Haus seinen Vorgarten, der Regierungssitz seine Bannmeile, die Insel ihr Hoheitsgewässer, die Erde ihre Ozonschicht, die ihre Löcher offenbar von einer Sonderform des Duzens mit Spray bezieht. Die Magie des Abweisenden und Anziehenden, die auf himmlische wie irdische Körper wirkt, ist irritiert. Ein Kritiker, als Newton mit der Schwerkraft seiner Erkenntnis von der Gravitation niedergekommen war, bestritt diese, indem er einwandte, es gebe keine vernünftige Kraft, die durch den leeren Raum hindurch von einem Körper irgendeine Anziehungskraft auf einen anderen ausübe.

Nun ist ja die Kraft, die Körper füreinander anziehend macht, nicht notwendig eine vernünftige, sondern eben auch eine erotische. Vernunft ist der Zentralbegriff der Aufklärung, die im neuen Du einen ihrer späten Ausläufer zeitigt. Es gibt keinen vernünftigen Grund, Kraftfelder und ihre Spannung zwischen den Menschen aufrechtzuerhalten und etwa nicht gleich du zu sagen. Anders gesagt: Es gibt diese Kraftfelder, auch wenn sie nicht vernünftig sind, einschließlich alter und neuer Rituale, die es erlauben, sie mehr oder weniger vorübergehend außer Kraft zu setzen.

»Weiter können wir Ihnen nicht mehr entgegenkommen«, das ist ein Ausdruck, der sich bei uns auf nichts anderes beziehen kann als auf den Zahlungsverkehr und der doch einmal einen Punkt gesetzt hat bei dem hochempfindlichen Gerangel um die Ehre bei diplomatischen Begegnungen. In der Zeit, in der beim Briefeschreiben nach der Anrede um so mehr Platz freizulassen war, je höher sich der Empfänger dadurch stellte, mußte ein Gastgeber seinem Gast um so weiter entgegenkommen, je höher er ihn einschätzte. Ja, er mußte ihm bis weit aufs Land hinaus entgegenreisen, wenn es etwa gar der Kaiser war, der ihn besuchte. Wie hoch zum Beispiel der Papst die Welt einschätzt, ergibt sich unmittelbar daraus, wie weit er ihrentgegenkommt und wie oft.

Ehre ist fast kein Gegenstand mehr bei Begegnungen, Forderungen oder Auseinandersetzungen. Oder es scheint nur so, und viele von den gegenwärtigen Forderungen nach mehr Geld verstecken den Wunsch nach weniger Gleichgültigkeit, also wiederum Ehre, die nicht anders eingefordert werden kann. Vielleicht steckt hinter dem neuen Duzen ein ähnlicher Wunsch, bloß daß er sich diesmal nicht in Geld niederschlägt, zumal in der Bundesrepublik, die so viel Allergie gegen alles Pathetische entfaltet hat.

So gesehen, könnte man den Groll darüber fast vergessen, aber nach wie vor, der Zentralakt menschlicher Unverschämtheit ist und bleibt die ungebetene Annäherung an den Inhaber einer wie auch immer gearteten Bannmeile. Wer wird denn nun das neue Duzen, diese spontane Sitte lockerer Vertraulichkeit, gleich unverschämt nennen, samt ihrem geschwisterlich streichelnden Entgegenkommen? Kein Einmarsch, keine Besetzung ohne Beteuerung der Zusammengehörigkeit, der Liebe und Hilfsbereitschaft!

»Du, Maria Theresia, ich bin der Friedrich von Preußen, wir kennen uns doch! Und wenn du hunderttausend Goldgulden brauchst, überhaupt kein Problem, und bei der Kaiserwahl bin ich für die Habsburger, alles klar? Und daß ich da in dein Schlesien einmarschiert bin, du, das mußt du verstehen, für mich war das irgendwie unheimlich wichtig, ich mußte mich da einfach einbringen!«

Jahrhundertelang hätte man eine Duz-Vereinnahmung pariert, indem man einfach zurückgeduzt hätte. Aber die Gleichheit ist keine Waffe mehr, wenn sie das Ziel der Attacke ist. Das einseitige Duzen hat indessen in vordemokratischen Zeiten den Umgang der Menschen sehr viel intensiver bestimmt als heute.

Einen Polizisten zu duzen, kann allerdings immer noch teuer kommen, von Polizisten dagegen geduzt zu werden, ist wenig einträglich, sonst könnte ein armer Kernkraftgegner fast davon leben. Der Grund, weshalb ein Polizist durch ein schlichtes Du zu beleidigen ist, ist ein Schritt zur Erhellung dieser dunklen Silbe von der Geschichte her.

Polizei und Militär sind in ihrer hierarchischen Struktur notwendig undemokratisch und transportieren damit etwas wie einen Schatten des alten Feudalstaates und seiner Stände. Der Glanz, der einen jungen Leutnant immer noch von einem Unteroffizier abhebt, das grundsätzlich Bessere, ist nichts als ein altes Privileg des Adels aus der Zeit, als dieser den Offiziersstand ausschließlich stellte und das seine Erben mit begreiflicher Freiwilligkeit einfach übernommen haben. Adlige haben sich unter ihresgleichen geduzt, aber wehe, man tat das mit ihnen!

Der Polizist nun läßt sich vom Demonstranten ebensowenig duzen wie sein Vorgesetzter sich von ihm duzen läßt. Er gibt einfach weiter: Mein Chef darf sich das Du verbitten, ich auch, und zwar von dir.

Wo sind die alten Zeiten geblieben? Sie sind, zwar unter gewissen Wandlungen, aber rückstandsfrei in die Gegenwart eingegangen, wo sie bisweilen ein völlig unerkanntes Wesen treiben. Die Anreden »Herr« und »Frau« sind Findlingsteine aus der Feudalzeit, wo sie an Hochgestellte zu richten waren. Sie liegen in unserer sprachlichen Landschaft herum und gehören ihr unverzichtbar an, indem sie inzwischen allem zustehen, was ein Geschlecht hat und kein Kind mehr ist.

Auch das Wort Du zieht eine lange und oft schmerzliche Schleifspur durch die Geschichte, mit viel Hoffnung, Eitelkeit, Zarthcit und Erniedrigung im Umfeld. Es schillert so, weil es alles noch sein kann, was es schon einmal war, und der Geduzte (Verduzte) weiß nie genau, ob nicht auch ein Stück Erniedrigung dabei ist, wenn er mit solcher Vertraulichkeit bedacht wird.

Ein fahrender Scholar, angeblich Magister der sieben freien Künste, also eine zweifelhafte Erscheinung aus dem Dunstkreis der Universitäten, duzte einen Wagner, und erwartete, von ihm »geirzt«, also mit »Ihr« angeredet zu werden. Der Wagner erwiderte:

»Ich nähre mich und meine Kinder, darumb solltestu billich mich und nicht ich dich irzen!«

Diese Szene, aus einer Anekdotensammlung des Jahres 1563, ist uns noch erstaunlich nachvollziehbar nach der langen Zeit, mit der Ausnahme, daß für keinen der beiden

Akteure das gegenseitige Du in Frage kommt. Das Gefälle ist unbestritten, zweifelhaft ist nur die Richtung des Gefälles. Geduzt hat man sich auf den höheren und niederen Plattformen der Tafelberge, die das gesellschaftliche Landschaftsbild prägten. Es duzten sich die Bauern, die Handwerker, die Adligen, die Geistlichen, wie auch noch heute. Streit gab es sozusagen am Trauf, in Grenzfällen wie beim Scholaren und beim Wagner, wo der Stand des Handwerkers klar ist, nicht aber der des Gelehrten in seiner Zuordnung.

Nach wie vor steuert die Welt der Künste und Wissenschaften viel zu dem schwer einzuordnenden Personal der Anredeszene bei, einem Personal, das keiner der vielen Rangordnungen angehört, wie sie die eine große himmlisch-irdische Hierarchie abgelöst haben. Was nicht einzuordnen ist, wird gern unten eingeordnet; durch Duzen entschärft man sozusagen die Unheimlichkeit, die nicht einzuordnenden Erscheinungen anhaftet. Dabei wurde schon immer von oben nach unten oder von gleich auf gleich geduzt; daher der profitable Effekt zugunsten des Duzers unter zwei Unbekannten, bis auf den heutigen Tag.

Daß unter den Studenten mancher Universitäten das althergebrachte Du noch gelte, während es andernorts schon verlorengegangen sei, so berichtet das Grimmsche Wörterbuch, wo einzig und allein das Du als legitimer Vertreter der zweiten Person anerkannt wird, alles andere sei widernatürlich und grammatikalisch unsinnig. In der Zeit der Entstehung dieses Werkes gab sich, neben der demokratischen Bewegung, die in die Zukunft wies, ein Drang zurück zu den Anfängen zu erkennen, zum Mittelalter und darüber hinaus zu den Germanen, wo etwas Eigentliches vermutet wurde, was durch Fehlentwicklung und Verfremdung entstellt sei und freigelegt werden könne, alles auf der Suche nach dem Einenden der deutschen Nation aus ihrer Geschichte heraus. So ergab sich auch aus der Vorzeit als einzig wahre Silbe der Anrede das Du, dessen Abhandenkommen im übrigen mehr beklagt wird, als daß seine Wiedereinführung, etwa im Sinne demokratischer Gleichheit, gefordert würde.

»Sie sagen noch du«, als Zitat einer kostbaren Belegstelle von etwas Ursprünglichem, diese Sicht liegt völlig außerhalb unseres Blickwinkels, so sehr empfinden wir das allgemeine Du, zum Beispiel unter Studenten, als eine Neuerung. Die Kulturgeschichte der persönlichen Anrede laviert, mit »noch« und »schon« zwischen zwei Polen der Einzahl und der Mehrzahl, und so bleiben auch uns nur zwei Wörter, das Du und das Sie, um unser Verhältnis zu einer angesprochenen Person zu differenzieren.

Die Anrede in der zweiten Person Mehrzahl, Ihr, stammt in Deutschland aus dem frühen Mittelalter, sie wurde von Nachbarsprachen übernommen. Bis dahin sagte man zu allen du, allerdings gab es auch schon im spätantiken Latein die Anrede »vestra excellentia«, »Euere Exzellenz«. Im 15. und 16. Jahrhundert war es üblich, Majestäten mit ihrem Titel und im Plural anzureden: »Haben Eure Majestät schon gefrühstückt?« – um im Weiterreden gleich in der dritten Person fortzufahren: »Wünschen Sie nun auszureiten?« – was dann gleich für die Anrede auch ohne Titel beibehalten wurde und sich auch auf weniger Privilegierte ausgeweitet hat. Es ist eine Anrede auf Umwegen, ein Sammelbegriff für alles Wunderbare, was der Gemeinte auf sich vereinigen könnte, und wird gleichsam an eine dritte Person im Raume gerichtet, die gar nicht da ist, wird wie eine Billardkugel über die Bande gespielt, um »Sie« indirekt, gedämpft und in günstigem Winkel zu betreffen.

Wir empfinden keine Mehrzahl mehr und auch nichts Drittes, wenn wir Sie sagen, sondern eine einzige, andere Person. Es liegt der gleiche Effekt zugrunde, wenn bei einer Veranstaltung der Schall aus weit entfernt stehenden Lautsprechern kommt, aber nach einer Weile wieder vom Rednerpult zu kommen scheint, wo die offensichtliche Schallquelle agiert. So ist auch das Bewußtsein schon lange wieder auf die zweite Person umgesprungen, weil ja keine offensichtliche Mehrheit im Spiel ist.

Auch wenn man die Geschichte der Anrede mit viel größerer Sorgfalt schriebe, so würde man doch unbeschadet dieselbe Wurzel daraus ziehen können: Man war mehr, man war weniger, oder man war gleich. Diese Zutaten bestimmen auch noch unsere Bräuche, nur sind sie anders verrührt: Wir sind alle mehr oder weniger gleich.

»Ich sage zu allen du.« Das kann man als Begründung hören, wenn man einmal die Anredeform zum Thema gemacht hat. »Du sagen« stuft sich dabei fein ab von »duzen«, es ist eine keinesfalls verletzende Einschätzung damit angedeutet. »Ich duze alle« wäre sehr frech. Jedenfalls ist dem Gegenüber damit klargemacht, daß er sich nichts daraus zu machen braucht, weil er in einer Art Schicksalsgemeinschaft mit anderen steht. Oder: »Du, bei mir liegt das daran, daß sich da, wo ich sozialisiert worden bin, alle geduzt haben.« Du ist eine Anschlußvokabel, die leicht mit »ich auch« übersetzt werden könnte. »Andere sagen du zu Ihnen, ich auch« ergibt zusammengezogen: »Ich sage jetzt auch du zu dir.«

Duzen ist immer etwas, was man darf, geduzt werden immer etwas, was man sich gefallen läßt, mehr oder weniger gern. Das Du wird ausgegeben, es wird eingenommen, es ist ausgesprochen einnehmend, und es ist eben doch eine Art Geld, die kleine Münze einer verborgenen Währung.

Wie sich aber in Geldforderungen der Anspruch auf eine Spielart von Ehre verkappen kann, so ist in die Währung des Duzens zweierlei umgemünzt: der Wunsch nach Wärme, Zugehörigkeit und Geborgenheit in der unwirtlichen Temperatur einer kommerziell bestimmten Öffentlichkeit, zum anderen aber wird damit eine Gleichheit eingefordert, die als Chance und im Prinzip besteht, der aber doch so viel Offensichtliches widerspricht, Gleichheit, die die unruhige Gewohnheit, sich mit allem vergleichen zu müssen, und die Angst, zu kurz zu kommen, wie einen Kometenschweif hinter sich herzieht.

Wie viele Leute stolzieren nicht täglich muffig, grußlos und im Gefühl wechselseitiger Superiorität aneinander vorbei, die sich doch kennen und auch grüßen würden, wenn sich herumgesprochen hätte, daß man unter Gleichen ruhig zuerst grüßen kann, ohne sich etwas dabei zu vergeben! Wie viele Leute, die ins Gespräch kommen, vermeiden nicht die Anrede, wie bei einem Eiertanz mit Fettnäpfchen, weil sie einerseits nicht unhöflich, andrerseits aber auch nicht altmodisch wirken wollen, als ob das Allgemeine von heute immer das Formlose von gestern sein müßte.

Im Jahr 1836 hat Alexis de Tocqueville, der französischer Landadlige, Jurist und Privatgelehrter, in seinem Werk über die Demokratie in Amerika das Schicksal der Mehrheitsherrschaft in Prognosen von hellsichtiger Präzision vorgezeichnet. Zwei seiner Thesen ergeben, wie ein Zweikomponentenkleber, das neue Du und seine Leimkraft:

Ein großer Topf öffentlicher Mittel würde gigantische private Energien freisetzen, um möglichst viel davon unter irgendwelchen Vorwänden in eigennützige Kanäle zu lenken. Und: Die Mehrheit, wenn sie einmal herrsche, würde mit dämonischen Gewalten danach trachten, sich alles anzugleichen, was sich weigert, in ihr aufzugehen.

Ich füge hier nur ein, daß die milliardenfachen Erschütterungen der perkussiven Musik, die auf immer mehr und immer breiteren Kanälen die akustische Öffentlichkeit dominieren, eben diese Aufgabe haben, und zwar auch da, wo sie sich antikonform gebärden: nämlich einzustimmen und auszurichten auf das Kraftfeld einer unbewußten Symbiose, wie Eisenfeilspäne durch Erschütterungen schneller das Muster des unsichtbaren Magnetfeldes zu erkennen geben.

Das neue Du aber ist in der Tat ein Zugriff auf einen allen gemeinsamen Vorrat von Vertrauen, der nicht unerschöpflich ist, und es ist von suggestiv nivellierender Gewalt.

Es mag jemand geltend machen, daß die Kreise, in denen das neue Du sich ausbreitet, aufs Ganze gesehen eine Minderheit darstellen und eine Region bilden, in der man den großen Sog überstehen kann. Wirklich wahr, nichts könnte den dringenden Wunsch nach mehr Distanz wirkungsvoller aufrechterhalten als die Erkenntnis, daß in dieser Region einfach dasselbe noch einmal im kleinen passiert, nämlich der unwiderstehliche Zugriff der Anpassung an ein großes, undefiniertes »Wir«.

Schon nach einem halben Tag Siezens platzt der junge Studienrat, der mein Stück fürs Stadtfest inszeniert: Er wisse ja, daß er der jüngere sei, aber er halte es jetzt einfach nicht mehr aus, er sage jetzt einfach du zu mir.

»Entschuldigen Sie, aber der Kontakt zu Ihnen ist mir so wichtig, daß ich lieber noch warte, bis wir später einmal vielleicht du sagen, ich finde es auch besser so für unsere Zusammenarbeit.« Genau dieses sage ich nicht, obwohl ich mir dergleichen immer wieder vorgenommen habe. Also gut, ich bin der Christof, aber welcherart Spannung hat sich da eigentlich entladen?

Eine Spannung jedenfalls, und Spannungen gelten als eine Form von Unfrieden, da mag es noch so schön drängen. Entspannung wirkt befriedigend seit ihrer Erfindung, wenn es auch nicht ganz der Friede ist, der dadurch eintritt.

In einer seelisch dynamischen Gruppe konnten sich zwei

männliche Teilnehmer nicht ausstehen, was sich in langen Wortgefechten entlud. Ihr Haß stand dem Gruppenprozess im Wege, darum forderte die Leiterin die beiden auf, »ganz langsam« aufeinander zuzugehen und zu prüfen, wie weit sie dabei kämen. Das Ziel der Übung wird wohl eine Umarmung gewesen sein, aber der Ältere der beiden verließ die Gruppe unter Protest, bevor es soweit kam. Ein Vorgang der Annäherung, so sagte er noch, der sonst Jahre, wenn nicht Jahrzehnte brauchen könne, solle er von Dauer sein, finde hier quasi kompreß statt, dafür sei ihm die Zeit zu schade.

Wie beim Duzen: Die Spannung soll nicht sein, und nicht die Zeit, die es braucht, sie ins Vertraute umzuwandeln. Wir sollen gleich sein, und zwar gleich. Was dabei verlorengeht, ist die Kunst, Umwege zu machen und dabei die richtigen zu wählen, mit dem gesamten Terrain, das dabei beschritten wird.

»Du, ich sage immer ganz direkt, was ich denke. Das ist vielleicht mein schlimmster Fehler, aber ich muß dir das einfach sagen. . .«, das spiegelt einen zeitgenössischen Anspruch auf Unverlogenheit, Verzicht auf Raffinement und auf direkte Nähe, bei dem allerdings die Botschaft gleichsam in der Direttissima entladen wird und dabei wider Erwarten mehr Schaden nimmt als auf schonenden Umwegen.

Sex ist Erotik abzüglich der Umwege, auf denen sich die Liebenden immer so gerne verirrt haben, es ist Liebe, gekürzt um die Dimension der Zeit, also um die Zeitlosigkeit. Nähe wird erreicht durch Annäherung. Wie aber, wenn die Nähe nicht das Ziel ist, sondern der Ausgangspunkt?

Die Entfremdung, die vorne eliminiert werden sollte, schleicht sich von hinten wieder ein und baut Barrieren, die Unsichtbarkeit mit Undurchschaubarkeit verbinden und um so schmerzlicher wirken.

In der Kutscherwohnung eines alten Herrschaftshauses wohnte eine Arbeiterfamilie umsonst, gegen Gartenpflege. Im Herrschaftshaus daneben wohnte ein junges Paar aus gebildeten und wohlhabenden Verhältnissen, dem nichts ferner lag als der Dünkel gegen einfache Leute. Sie nannten sie ihre Nachbarn, verkehrten ausgesprochen zuvorkommend mit ihnen und von Anfang an per Du. Das ging alles gut. Warum aber die Kutscherhausleute nicht zu dem großen Fest im Herrschaftshaus eingeladen waren, war ihnen selbst und sogar für die Gastgeber schwer zu erklären.

Oder, aus einer anderen Szenerie: Nach dem Konzert eines prominenten Sängers von sozialistischer Überzeugung wurden ihm von einem Lehrling Fragen gestellt, als er von einer wichtigen Persönlichkeit des örtlichen Kulturlebens zu einem Glas Wein eingeladen wurde. Der Sänger zum Lehrling: »Du, daß ich jetzt unser Gespräch abbreche, das heißt nicht, daß ich so was nicht unheimlich wichtig fände!«

Von den Befürwortern der neuen Allgemeinanrede Du wird immer angeführt, man könne sich mit ihr genau dasselbe sagen wie per Sie, und auch, daß sie Aggressionen aus dem Wege räume. Das stimmt insofern, als man sich kaum dagegen wehren kann, geduzt zu werden, entspricht aber sonst nicht der praktischen täglichen Erfahrung. Das Du ist vielmehr eine Art Staubsauger, der den Konfliktstoff durch unmittelbare Annäherung vorne absaugt, aber hinten, durch seinen Motor ins Mikroskopische verhäckselt, wieder an die Luft abgibt, wo er eingeatmet wird und nicht mehr resorbiert werden kann, sondern sich unbemerkt festsetzt.

Man kann zwar über alles reden, aber man redet nicht über alles, denn es ändert sich regelmäßig der Ton, wenn man ohne Vorbereitung gleich zum Du übergeht, und der

Ton macht die Musik. Musik konkret genommen kann bei einer Minderheit Allergien hervorrufen mit ihrer soßig-perkussiven Impertinenz, läßt aber bei einer Mehrheit im Fall ihres Verstummens alle Symptome des Entzugs erkennen. Im übertragenen Sinn ist der Ton des neuen Du ein Lebenselement für viele geworden, dessen Verweigerung noch tiefer trifft als die Beleidigung, die es früher bedeutet hat, ein angebotenes Du auszuschlagen. Zumal in einer Zeit hochkultivierter subjektiver Empfindlichkeiten. Obwohl – manchmal hat man den Eindruck, es wäre alles schon einmal dagewesen.

Am 12. September 1781 saß Goethe über einem Brief von Charlotte von Stein. Darin wurde er von der geliebten Frau förmlich im Plural angeredet, nachdem sie ihn schon geduzt hatte. Die beiden Anreden flackern, mündlich wie schriftlich, wie Irrlichter der Empfindsamkeit durch die Geschichte dieser Beziehung. Goethe aber korrigierte den Brief und strich alle »Ihnen« weg, um sich in den sehnsuchtsvollen Genuß der vorenthaltenen Nähe des »Du« zu versetzen, was er auch wie selbstverständlich in seinem Antwortbrief gebraucht.

Die Szene kommt uns verführerisch vertraut vor. Es gibt aber einen wichtigen Unterschied zwischen den Epochen: Einmal geduzt war nicht immer geduzt. Die Frauen hatten noch die Anrede zur Verfügung, um mit dem Entzug einmal gewährter Nähe zu spielen. Wir setzen uns über die Jahrhunderte hinweg und duzen frühere Epochen, um sie uns gleich zu machen. Es zeigt sich aber immerhin in der Haltung Goethes schon eine gewaltige Energie, die freigesetzt wird, um ein einmal gewährtes Vorrecht nicht wieder loszulassen. Sie hat sich im Lauf der Zeit als mindestens ebenso stark erwiesen wie die Kraft, die zum Kampf um neue Rechte notwendig ist, und so ist das Du bei uns praktisch nicht rückgängig zu machen.

Was sich nur vorwärts bewegen kann, weil es sozusagen keinen Rückwärtsgang hat, gerät leicht in den unverdienten Ruf der Fortschrittlichkeit, wie etwa der Straßenbau, der eine ähnliche Nähe zwischen den Städten herstellt wie das Duzen zwischen den Leuten, wie die Verkabelung, wie der Fortschritt selber. Das Du auszuschlagen, war immer eine Beleidigung, und das ist es paradoxerweise auch noch dann, wenn es gar nicht angeboten, sondern einfach gleich benutzt wird.

Mancher macht mit aus Angst, den Anschluß zu verlieren, und tatsächlich, wer die Mode verweigert, riskiert, in einer ohnedies geselligkeitsarmen Zeit einen Kontakt ganz zu verlieren. Aber der Glaube, es gebe irgendwo neue Sitten, an die man sich halten müsse, scheint weit verbreitet – als würden solche Sitten von anderen gemacht als von denen, die sich danach richten oder eben nicht. Der Zeitgeist, oder anders gesprochen, daß man so viel davon redet, ist alles andere als demokratisch, weil er eine übergeordnete Autorität, gegen die man machtlos sei, achselzuckend verantwortlich macht für ein Schicksal, das einen der Mühe enthebt, selber seine Zeichen zu setzen.

Allerdings haben die Aktiven immer die Nase vorn und den Fuß in der Tür, indem sie alle anderen auf das undankbare Feld des Reagierens verweisen. Du wirst doch nicht etwa intolerant, humorlos oder geizig sein, du wirst doch nicht deine zehn Mark zurückhaben wollen, die du mir gestern geliehen hast, du wirst doch nicht etwa intolerant sein gegen meine lebensbejahende Musik, den Brunftgeruch meines Katers, du hast doch nichts dagegen, wenn ich du zu dir sage? Und schon hat man die Last des Neinsagens aufgebürdet bekommen, die man am leichtesten abschüttelt, indem man sich fügt.

Es sind die winzigen Rinnsale der Unverschämtheit, die durch Erosion die Landschaft des menschlichen Umgangs bestimmen und die schließlich im großen Erfolg münden, dessen markante Früchte das Bild der Republik dominieren.

Von jetzt an zurückverfolgt, sind es in der Bundesrepublik zuächst die Schübe der ökologischen, der Psycho-, der Friedens- und der Frauenbewegung, die das neue Du transportierten, alle hervorgegangen aus der großen antiautoritären und Studentenbewegung seit 1968. Da wirkte sich eine starke sozialistische Leidenschaft aus, aber eine theoretische. Nicht das Du der um ihre Rechte kämpfenden Proletarier – Schulter an Schulter siezt man sich nicht –, sondern das Du einer großen Proletarophilie ist auf uns gekommen, einer Bewegung, die sich zu ihrem Gegenstand der revolutionären Masse etwa so verhalten hat wie ein Luftkissenboot zum Meer, in dem es einen Aufruhr zu erzeugen beabsichtigt.

Es war eine Art großer, unbürgerlicher Familie, deren Umgangsformen sich weniger an denen der Arbeiterschaft orientierten, die ja durchaus von gediegenem bäuerlichem Kern sein können, als vielmehr an der Ablehnung der selbst genossenen bürgerlichen Erziehung. Das hatte eine fatale Rüdheit des Tones zur Folge (»wir können uns hier schließlich nicht mit Stilfragen beschäftigen«, Beifall), deren sprachlich dauerhafte Erbschaft, neben einer Handvoll Soziologismen, einerseits in einem vermehrten Gebrauch des Wortes Scheiße besteht, als ob Arbeiter andauernd Scheiße sagen würden, andrerseits in einer allgemeinen Verbreitung des Wortes Du, als usurpiertes Vorrecht tatsächlicher Schicksals- und Kampfgenossen.

Weiter zurückgehend, stößt man jenseits der großen katastrophalen Bewegung des Faschismus auf das Du der Gewerkschafter und Sozialisten, das ins letzte Jahrhundert zurückweist. Es war allerdings mit der Anrede »Genosse« verbunden und definierte die Nähe durch die Notwendigkeiten des gemeinsamen Kampfes. Daneben aber stand zu Beginn des Jahrhunderts, mild belächelt und schwer verkannt in ihrem Einfluß auf die folgenden Zeiten, die Jugendbewegung mit ihrem stachelbeerbeinig naturverbundenen Du von lagerfeuriger Wanderkameradschaft, samt neuen Anredeformen in ihren lebensreformerischen Ablegern.

Ein anderer gegenläufiger Ausfluß des Bürgertums war die künstlerisch-intellektuelle Subkultur der Boheme, die einen Touch des Genialischen in das neue Du eingespeist hat, was dadurch womöglich noch einen Ton farbiger schillert.

In der bürgerlichen Schicht selber hat es nie ein allgemeines Du gegeben, sie hat keinerlei Standessolidarität entwikkelt, weil man viel zu sehr damit beschäftigt war, sich nach unten und untereinander abzusetzen und nach oben anzugleichen durch Nachahmung der Nobilität. Aber man hat sich, aus geschäftlichem Vorteil oder Sympathie, das Du angeboten. Die Zeremonie mit kleiner Ansprache, die damit verbunden war, mit Trunk, Kuß und untergehakten Armen, ist in flüchtigen Restformen noch lebendig. Die Duzbrüder und -schwestern waren somit herausgehoben, in Inseln des Vertrauten, aus einer untereinander nicht sympathisierenden Masse, mit den Vorteilen des Entgegenkommens in geschäftlichen und privaten Dingen.

Das neue Du nun ist zwar zum größeren Teil eine Erbschaft der un- und antibürgerlichen Bewegungen, hat aber die Vorteile des bürgerlichen Du gleich mit übernommen. Keine Neuerungsbewegung hat sich viel um Konsequenz gekümmert, wenn es darum ging, die Vergünstigungen des überwundenen Systems im Zweifelsfall zu übernehmen, wie etwa das Trinkgeld auch noch weggesteckt wird, obwohl es sich dabei um ein Relikt aus der rechtlosen Dienstbotenzeit handelt.

Es ist also dieses Du unbürgerlich, ohne daß eigentlich noch jemand bürgerlich sein wollte, in einer Zeit, wo alle sich zugute halten, irgendwie anders zu sein; es ist revolutionär ohne Revolution, es ist familiär ohne Familie, weil die große Familie, die sich duzt, nichts weiter gemeinsam hat, als daß sie auf Förmlichkeiten verzichtet. Es ist wenig mehr als eine leere Worthülse, eine Art verbales Rauchen, bei dem man einbezogen wird in einen Dunstkreis von zweifelhafter Würze, Wärme und Bekömmlichkeit.

Es hat nur für sich, daß man nichts für sich haben soll. »Du hältst dich doch wohl nicht für was Besseres?« So lautet eine unausgesprochene, aber tabubewehrte Suggestivfrage des ungebetenen Duzers, denn der Wunsch nach Distanz wird nicht anders empfunden als von oben herunter, und so selbstverständlich kommt uns das schon vor, daß wir uns die Distanz unter Gleichberechtigten ohne Kälte und Unhöflichkeit, die Unterschiede zwischen uns ohne damit verbundene Privilegien gar nicht vorstellen können.

Die großen Revolutionen, sofern sie Gleichheit unter den Menschen zum Ziel hatten, haben sich naturgemäß nicht um die Unterschiede gekümmert, die nach der neuen Verteilung von Macht, Land und Geld noch bleiben sollten, der Artenschutz ist keineswegs das Anliegen von Umwälzungen, ebenso wie der Abstand zwischen den Individuen, die nur mit diesem in ihrem Lebensraum sich entfalten können.

Der Revolutionär ist kein Gärtner, hinterläßt hingegen unendliche Gartenarbeit, für deren Bedingungen er sich verantwortlich gefühlt hat. Die mitreißenden Taten der Veränderung geschahen in dem Glauben, aus dem neubereiteten Boden der Gleichheit würden die Blumen schönster Lebensqualität ohne Anbau, Aufzucht und Pflege von selbst gedeihen, was dazu geführt hat, daß ein großer Teil des neugewonnenen Geländes als Brachland einem Wildwuchs überlassen blieb, der auch ohne Pflege gedeiht, zugunsten einer radikalen Vermehrung derjenigen Arten, die sich am schnellsten durchsetzen und entsprechend empört reagieren, wenn sie zurückgestutzt werden sollen.

Gleichheit, Anspruch und Kuschligkeit sind nicht das, was Freiheit, Gleichheit und Brüderlichkeit einmal gewollt haben.

Nun haben die Biotope der Tier- und Pflanzenwelt längst ihre engagierten Schützer gefunden, der Schwund ihrer Arten hat schon Alarm ausgelöst. Warum sollte der Schwund menschlicher Arten, die sich nicht zuletzt in den Arten jedes einzelnen Menschen spiegeln, weniger Besorgnis erregen? Sollte nicht Herrn und Frau Vor- und Nachname recht sein, was Pfauenauge und Wiesensalbei billig ist? Kennen wir nicht von mehr Leuten, die wir mit Sie anreden, den Vornamen, den Nachnamen und einen Umriß ihrer Lebensumstände, als daß wir von den Geduzten auch nur einen ihrer Namen nennen könnten? Es ist arg genug, daß es auf deutsch keine Wörter gibt, mit denen man sich einer unbekannten Person nähern kann, wie »Monsieur« oder »Madame« in Frankreich. Aber wohlgemerkt: Mit einem allgemeinen Duzen würde auch dort diese höchst angenehme Möglichkeit verschwinden.

Warum fahren so viele Radfahrer nachts ohne Licht? Es ist das Duzen der Dunkelheit und aller, die sich darin bewegen.

Es geht jetzt aber darum, auf den großen und erleichternden Komfort hinzuweisen, den die Weltsicht der Sympathie mit sich bringt. Auch sie beruht ja auf einer großen Gemeinsamkeit aller ihrer Teile, aber mit einer Wurzel in wesentlich größerer Tiefe und mit der Einheit eines lebendigen Organismus, dessen Teile sich auch reiben können, krachen und funkeln. Die sympathetische Einsicht, mit dem Angesprochenen letzten Endes eins zu sein, bedeutet eine gesteigerte Brisanz der Anrede. Denn neben der Einschätzung der jeweils angeredeten Person bedeutet sie vor allem auch die Selbsteinschätzung des Sprechenden.

Sympathische Distanz macht es möglich, miteinander zu verkehren, ohne gleich klarstellen zu müssen, wie man einander einschätzt, bei nicht vertanen Chancen der Änderung und Annäherung. Die Entspanntheit von vornherein, mit der man gleich du sagt, kostet die Elastizität des Umgangs und damit auch der erotischen Spannung. Denn sie operiert aus der Unterschiedslosigkeit heraus, einem großen DIN A WIR, das jede Differenz übelgelaunt und widerwillig vermerken muß, anstatt jede neuentdeckte Gemeinsamkeit heiter zu begrüßen.

Toleranz im Umgang ist unverzichtbar, aber ohne ihren Gegenstand, nämlich die Verschiedenheiten, stirbt sie. Wie sollen wir die Sachsen tolerieren, wenn sie nicht mehr anders sind als die Bayern? Was ist an Europa noch zu einigen, wenn alles im undefinierbaren Himbeersaft rosaroter Verschwisterung verschwimmt? Ist es ein Schritt zum Frieden, wenn die Franzosen sich mit Fast food nähren, die Russen Coca-Cola trinken, die Indios zu Disco-Musik tanzen, die in Hongkong und Marrakesch genauso erklingt, und wenn schließlich die Chinesen Tibets Tore dem Tourismus öffnen, damit er ihnen bei der Zerstörung einer altehrwürdigen Religion und Volkskultur behilflich sei?

Nicht museale Marginalien des Eigenartigen sind zu schützen, sondern, für unseren Teil, das Besondere, das es bedeutet, mit jemandem vertraut zu sein und ihn Du zu nennen, und die Freiheit des Spielraums, das Verhältnis zu einer angesprochenen Person wenigstens in zwei Varianten zum Ausdruck zu bringen.

Wer das neue Du in Frage stellt, findet viel Resonanz der Sympathie von völlig unerwarteten Seiten. Und wir, die wir uns nicht gleich zu nahe treten wollen, sollten einen

Knopf unter dem Jackenaufschlag tragen, dessen Inschrift lautet:

ICH BIN
NICHT DU!

Wir würden ihn bei Annäherung eines Tieffliegers unter Steigerung von Höflichkeit, Warmherzigkeit und Freundlichkeit herzeigen, und es würde wirken wie jenes sympathische, kaum bewaffnete und schwach motorisierte Segelflugzeug Fieseler Storch, das seine Gegner durch Langsamflug irritierte und seelenruhig seine Kreise zog, während die Abfangjäger mit ihren viel zu schnellen Schnauzen vergeblich durch den Luftraum fuchtelten.

Unter Gleichgesinnten aber könnte das kleine Schild zu ungeahnten und zauberhaften Begegnungen führen, wenn auch vielleicht nicht von ganz so langer Dauer wie die von Simone de Beauvoir und Jean-Paul Sartre, die sich zeit ihres langen gemeinsamen Lebens respektvoll Sie nannten. Ein Beispiel übrigens, das weithin bekannt ist und auch von denen, die für das allgemeine Du eintreten, mit großer Hochachtung genannt wird.

Oblaten, aus Ferne gebacken

ZUR KULTURGESCHICHTE DES FERNROHRS

DER PROPHET MOHAMMED, ALS ER NOCH SEINE MACHT beweisen mußte, wies seine Begleiter auf einen Berg hin und sagte, wenn er wolle, könne er machen, daß der Berg zu ihm käme. Sie sagten, er solle es beweisen. Da ging der Prophet langsam auf den Berg zu. So kam der Berg zu dem Propheten.

Der Prophet bediente sich, um den Berg herbeizuholen, sozusagen eines Subjektivs. Hätte er ein Fernrohr gehabt, so hätte er seine staunenden Gefährten gebeten, durch das Objektiv zu sehen, und siehe da, sie hätten geglaubt, der Berg käme zu ihnen. Das Fernrohr heißt auf bayrisch der »Zuebeziager«, der »Herbeiholer«. Hätte man den gesamten

Vorgang derart herbeigeholt, den Berg, den Propheten und einen Gefährten, der den Berg durch das Fernrohr betrachtet, so hätte man gemerkt: Objektiv gesehen kommt der Prophet dem Berg näher, der Fernrohrmann nur subjektiv. Beim Fernrohr dreht sich alles um.

Drehen wir das Gerät selber um neunzig Grad, was eine radikale Version der Perversion bedeutet, so zeigt sich das Fernrohr von der Seite. Ein ungewöhnlicher Blickpunkt, denn das Fernrohr ist ein Medium der Betrachtung und liegt deshalb außerhalb derselben (wenn man von den astronomischen Riesengeräten absieht, die viel Interesse auf sich ziehen).

Aber man hat was davon. Auf diese Weise gerät ein Stück polierter Haifischhaut in den Blickwinkel, giftgrün mit schwarzen Kringeln darauf, was einem Tubus aus dem späten achtzehnten Jahrhundert zur Verkleidung dient. Ein kleiner Herr mit sorgfältig gestutztem Menjou-Bärtchen lenkt den Blick darauf. Er sammelt Handfernrohre und erläutert sie mit liebevoller Gelehrsamkeit den Besuchern seiner Schau im Tübinger Theodor-Haering-Haus. Er schaut selten durch seine Rohre, kein Sammler benutzt seine Gegenstände in ihrem Sinn. Man klebt auch keine gesammelten Briefmarken, sondern löst sie ab, damit sie keinem anderen mehr dienen als dem sammelnden Souverän und seinem Reich.

Um hundertachtzig Grad gedreht und hineingesehen: jetzt wird alles winzig klein, jedes Kind hat das ausprobiert. Michael Ende hat in einem Kinderbuch einen Scheinriesen erfunden, der gewaltig am Horizont steht und beim Näherkommen immer kleiner wird, ganz nah und ganz klein wie beim umgekehrten Fernrohr. Gustav Meyrink macht seinen Golem dadurch unnahbar, daß dieser immer kleiner wird, je näher er kommt, und verschwunden ist, wenn er da ist, als ob der Prophet den Berg durch Annäherung zum

Verschwinden bringen könnte. Nicht wie beim Scheinriesen aber entsteht hier durch Annäherung die vertraute Nähe der heimatlichen Dimension, sondern die Unheimlichkeit des Mikrokosmos, in die das Gespenst abwandert.

Das Mikroskop ist das umgedrehte Fernrohr und sein kulturgeschichtlicher Bruder, wenn auch die Linsenanordnung eine andere ist. Die Einsicht in andere Welten, das Winzige und das Riesige, ist das Ziel beider. Die Einsicht, das Einleuchten, das, was einem aufgeht, nämlich eine innere Sonne, die Spekulation und die Einbildung: all das entstammt der Sprache der Mystiker und erleuchtet das Innere des Menschen durch Schulung seiner Geistigkeit und wäre gar nicht denkbar ohne die Göttlichkeit des Geschauten. Einsicht »by fair means«, also ohne fremde Hilfsmittel. Auch der Prophet hat den Berg »by fair means« zu sich gezogen, nämlich seine Füße. Allerdings ist nicht gesagt, daß er hinaufgestiegen ist, denn der Wunsch, das Beigezogene sich zu unterwerfen, ja, die Nähe ohne diesen Besitz gar nicht erträglich zu finden, ist erst noch ein sehr viel weiterer Schritt.

Die Welt mußte gründlich verweltlicht werden, bevor sie den Wunsch weckte, sie künstlich abzutasten. Die Spekulation, also die Schau der innerlich gespiegelten Bilder, verkehrte im hochwissenschaftlichen Jahrhundert der Renaissance ihre gute Bedeutung ins Vage, nicht Tatsächliche, nicht Nachweisbare zugunsten des objektiv Erfaßbaren. Die Astrologie wurde zur Astronomie. Die erste ist eine Konstellationslehre, die mit unbewaffnetem Auge betrieben werden kann, die zweite braucht Waffen für das Auge.

Astronomie und Krieg sind die ersten Wirkungsfelder des Fernrohrs: Erst unser spätes Jahrhundert hat Krieg und Sterne tatsächlich zusammengebracht. Galileo Galilei hat das holländische Fernrohr bis zur dreißigfachen Vergrößerung perfektioniert und damit seine astronomischen Entdeckungen gemacht. Er stand aber auch mit den venezianischen Ratsherren auf den Zinnen Venedigs und zeigte ihnen durch das Fernrohr Schiffe, die Stunden, bevor man sie mit bloßem Auge erkennen konnte, als Freund oder Feind auszumachen waren. Sein Gehalt als Professor der Universität Padua wurde verdoppelt.

Das spielt in einer Zeit, in der das Wort Reise noch ganz der Wallfahrt und dem Krieg vorbehalten war, in der sich die zweckfreie, ästhetische Reise erst anlegte, die später im Tourismus ihre gigantische weltverändernde Wirkung entfalten sollte. Die Bedeutung des Fernrohrs für den Soldaten und Touristen liegt auf der Hand. Aber für den Wallfahrer? Er bleibt auf Gottes Erdboden und bringt sich durch sich selbst seinem Ziel näher. Das Fernrohr hat auch keinen Eingang in die allgemeine religiöse Bilderwelt gefunden. Aufklärerischer Spott hat sich weidlich zunutze gemacht, daß man Gott vergeblich mit Fernrohren gesucht hätte. Hingegen wird Gottes Gnadenstrahl auf ungezählten Bildern der Barockzeit über Spiegel, in durchaus exakten Winkeln, zur Jungfrau oder einem Heiligen gelenkt: die reine Spiegelung, sprich Spekulation, die einer ganz anderen Welt angehört als der perspektivische Durchblick, der vergeblich nach ihr fahndet.

Die Zeit, die die Perspektive erfunden hat, hat ein knappes Jahrhundert später die Erfindung des Perspektivs nach sich gezogen, eine Durchblickerei schiebt sich teleskopartig aus der anderen. Die Perspektive in der darstellenden Kunst bedeutet die Annäherung an einen imaginären Fluchtpunkt, der magnetisch alle Linien auf sich zieht und gleichsam in eine Nichthiesigkeit verflüchtigt. Es war ein ungeheurer Schritt, die dritte Dimension auf die Fläche zu bannen. Daß die Fläche aber zurückschlägt und die Welt ins Zweidimensionale abplattet, das ist die weniger populäre Kehrseite der Medaille.

Nehmen wir das Fernrohr endlich in Gebrauch und betrachten es von hinten, schauen wir durch. Siehe da: Es plattet ab, es zerdätscht die Welt, weil es sich nur für die Hintergründe interessiert. Es backt aus den Tiefen der Ferne magische Oblaten zusammen, in denen jegliche Perspektive zerfällt und in deren Welt der Betrachter wundersam verrückt wird. Alle Sinne, mit Ausnahme eben des Gesichtssinns, werden abgefiltert, vor allem können wir die zitierten Wesen nicht hören, bei so großer Nähe, das macht sie so gespenstisch.

Der Beobachtete weiß ja auch gar nichts von dem Rohr, das ihn woandershin absaugt, kann weder reagieren noch sich wehren, was sowohl für den lüsternen wie für den militärischen Zugriff von weitreichender Bedeutung ist. Es entsteht eine halbseitige Lähmung der Gesamtsituation, die etwa in einem Musikstudio als Playbackverfahren wieder auftaucht. Jemand spielt zu einer Musik, die vom Tonband kommt: Der Musiker auf dem Band kann sich nicht auf seine Kollegen einstellen, nicht reagieren in seiner Erstarrung, denn er gehört einer fremden Zeit an, nämlich der Zeit, zu der er gespielt hat. Und er erscheint doch dem, der ihm zuspielt, so seltsam gegenwärtig wie ein Bild im Fernrohr. Dieses Bild betrügt den Betrachter um nichts anderes als die Zeit, die er brauchte, um hinzugelangen.

Aber prügeln wir nicht das unschuldige Gerät. Joachim Rienitz, der Sammler, schrieb in seinem Tübinger Katalog: »Es liegt allein am Menschen, in welchen Geist und in welcher Absicht er es benutzt.« Nicht eine unzulängliche Optik ist schuld, wenn die Welt auf ein Schrumpfbild zusammenschnurrt, sondern die Untugend, dieses Schrumpfbild für die Welt zu halten, nachgewiesen durch objektive Plattheiten. »Bitte, schauen Sie nur durch mein Rohr da, es ist wirklich so!«

Das ferngesehene Bild ist so schwer zu widerlegen wie

alles, was uns die zugreifende Vernunft unter respektive über die Nase hält. Die Perspektive auf Zeiträume gestaltet sich analog der Aussicht auf Landschaften: Mit dem bloßen Auge erkennt man die umliegenden Tage, wo Erinnerung und Planung noch scharf sehen. Schaut man wie durch ein Fernrohr auf das eigene Alter, so holt man das, was in Wirklichkeit ganz anders sein wird, in erschreckende Nähe, man ist dort und doch nicht dort, man ist alt und doch noch gar nicht alt. So kann, wenn der Berechtigte sich nicht wehrt, der Beginn der Pensionsberechtigung schon zum Beginn der Pensionierung werden, genauso wie die verzerrten Bilder der Zukunft Gefahren vor Augen führen, die ein ausuferndes Sicherheitsstreben nach sich ziehen. Das Sicherheitsrisiko ist dabei, daß der Abschluß einer Versicherung schon der eingetretene Schadenfall ist.

Rückwärts, auf die Vergangenheit gerichtet, schafft das zeitliche Fernrohr die unerfüllbare Sehnsucht nach etwas, was in Wirklichkeit ganz anders war, also die Nostalgie. Die Nostalgie ist sozusagen eine Vergangenheitsversicherung, die Sekurität wird zur Schwester der Sentimentalität.

Mit verblaßtem rotem Papier bezogen und früher goldenem Rankenwerk darauf, präsentiert sich eines der schönsten Stücke der Tübinger Ausstellung, ein venezianisches Fernrohr der Barockzeit. Wir lernen, daß wider Erwarten die Tuben, die ineinanderverschiebbaren Rohre also, besser laufen, wenn sie aus Papier und Pergament, als wenn sie aus Messing sind.

Verschieben wir, um ein schärferes Bild zu gewinnen, das Wort »Tubus«, so bekommen wir die Tuba ins Blickfeld, ein Messingrohr wie auch das Fernrohr, bloß eben nicht zur optischen, sondern zur oralen Betätigung, bei dem zur einen Öffnung etwas herauskommt, wenn man an der anderen drückt, wie bei jeder Tube. Bis weit ins achtzehnte Jahrhundert mußten die Maler, wenn sie ins Freie gingen, ihre Farben in Töpfen mitschleppen, bis die Farbtuben erfunden wurden. »Eines der ersten achromatischen Fernrohre«, erläutert unser Führer in Tübingen und zeigt in eine Vitrine. Es war gelungen, die Farbsäume vom Rand der gesehenen Gegenstände zu verbannen, die einem Raben etwas von einem Papagei gaben. Aber »achromatisch«? Die Chromatik war mir bisher nur aus der Musik vertraut, und ich forsche zu Hause nach: Tatsächlich, die Halbtöne bringen Farbe in die Tonleitern, Chromatik ist die Färbung der Musik. Ineinander verschiebbare Messingrohre haben dem Blasinstrument, noch vor den Ventilen, die chromatische Färbung ermöglicht, die aus dem Fernrohr vertrieben wurde. Trompete wie Fernrohr haben zuerst kriegerischen und dann zivilen und verspielten Zwecken gedient, in der Malerei hat durch die Jahrhundertwende die Farbe in gleichem Maß wie die Chromatik in der Musik zugenommen. Das alles ist freilich ein bißchen abgeplattet und verkürzt gezeigt, aber es geht ja gerade darum, die Sicht des Fernrohrs auch von dieser Seite her zu erläutern.

Sein Bild steht kopf – sofern es nicht künstlich aufgerichtet wird durch Linsen, oder später, beim Feldstecher, durch Prismen. Ein Spiegel vertauscht rechts und links, und wenn es erlaubt ist, zur Ermunterung ein optisches Plätzchen anzubieten: keine Makronen, die wir für die Kosmosarchäologen reservieren, sondern Spekulatius, ein bebildertes Gebäck, dessen Abdruck spiegelverkehrt erscheint, daher der Name. Der Spiegel verkehrt rechts und links, die Linse oben und unten, das ist der Unterschied. Vom Tode Till Eulenspiegels ist zweierlei berichtet: Als sein Sarg zu Grabe getragen wurde, lief eine Schweineherde den Trägern zwischen die Beine, und alles fiel hin. So kam der Weise mit dem Bauch nach unten in den Sarg zu liegen. Als er dann hinuntergelassen wurde, riß ein

Gurt, und seither steht Eulenspiegel an diesem Ort begraben, so steht es auch, zusammen mit seinem Spiegelwappen, auf seinem Grabstein. Der einzig Senkrechte!

Ein unscheinbares Bild, ein Kupferstich, seitenverkehrt graviert natürlich und gar nicht weit her, aus Reutlingen von 1835, zeigt die Klugheit, eine janusköpfige Jungfrau, die mit dem einen Gesicht in einen Spiegel schaut und mit dem anderen durch ein Fernrohr. Der Fernrohrsammler und Erläuterer erklärt die Figur als Wesen zwischen Vergangenheit (im Spiegel) und Zukunft (in der Perspektive). Es ist also die Gegenwart oder vielmehr eine Gegenwärterin, die den jetzigen Augenblick zu hüten hat zwischen Spekulation und Perspektive. Aber könnten die Geräte nicht vertauscht werden, das Fernrohr für die Retrospektive und die Spekulation für die Zukunft?

Der Spiegel reflektiert, das Fernrohr lenkt ab. Lassen wir den großkarierten englischen Touristen Mister Pief heranstaksen, Wilhelm Buschs populärste Kreation, die in der Ausstellung nur als in Zinn gegossene Miniatur auftaucht. Er fällt, weil es auch anderswo schön und er sowieso hier ist, in den Sumpf. Es ist im Kern die uralte Geschichte vom Philosophen, der in die Sterne schaut und dabei in den Brunnen fällt, was Generationen von abendländisch-antiken Philosophen beschäftigt hat: untüchtig auf der Erde, könne er doch die Sterne erforschen. Ganz, ganz anders der chinesische Mönch, der zum Meister in die Einsiedelei kommt und nach dem Wichtigsten in der Welt fragt. »Der Deckel auf der Sickergrube« ist die Antwort. Ohne Fernrohr ohne weiteres zu erkennen und reinste Spekulation, pure Gegenwart.

Schamanen und Ingenieure

ZWISCHEN POESIE UND PHYSIK

IN TÜBINGEN FAND DAS ERSTE TREFFEN DER WELT VON SCHAmanen und Ingenieuren statt. *Die Schamanen waren gegen Erstattung der Reisekosten aus dem dritten vorchristlichen Jahrtausend angereist, kauten auf Rauschkräutern und rasselten mit Knöchlein. Die Ingenieure rauchten Zigaretten und spielten mit japanischen Taschenrechnern.*

»Was könnt ihr?« fragten die Schamanen. Die Ingenieure waren bemüht, sich durch vorindustriellen Wortschatz und kindliche Redeweise dem Steinzeitniveau der Magier anzupassen.

»Wir haben so eine Zauberscheibe« – damit meinten sie das Fernsehen –, »darauf können wir sprechende und bunte Bilder aus der ganzen Welt herbeizaubern!« Die Schamanen staunten. So was konnten sie nicht.

»Wirklich alles, was ihr wollt?« fragten sie ungläubig.

»Ja, alles« sagte der Oberingenieur. »Und wenn es uns nicht gefällt, dann schalten wir einfach um auf ein anderes Programm.«

Die Zauberer hatten noch nie etwas von einem Programm gehört. Als man es ihnen erklärt hatte, waren sie enttäuscht.

»Ach so!« sagte einer. »Ihr könnt auf eurer Zauberscheibe gar nicht das sehen, was ihr euch herbeiwünscht, sondern zuerst muß jemand herbeiwünschbare Bilder für euch machen!«

Die Ingenieure erklärten das Auto. Das sei ein Apparat, der aus eigener Kraft über Land fahren könne, weil er einen Kraftstoff in sich habe. Das gefiel den Schamanen.

»Wirklich überall hin, wo ihr wollt?«

»Überall hin. Bloß manchmal muß man das letzte Stück zu Fuß gehen.«

»Wieso?«

Die Zauberer bekamen den Straßenbau erklärt, und als sie das Prinzip verstanden hatten, sagten sie: »Ach so, ihr müßt euch erst befahrbares Land machen, bevor ihr über Land fahrt! Ja, dann!«

Nun spielten die Ingenieure einen letzten Trumpf aus und erzählten: »Aber einer von uns hat schon den Mond betreten, ganz echt!«

Die Schamanen waren skeptisch und kicherten, als einer sagte: »Ich glaube, die müssen sich erst einen betretbaren Mond machen, bevor sie den Mond betreten!«

Das verstanden die Ingenieure nicht. Sie piepsten nervös mit ihren Taschenrechnern, und nach einer Weile sagten sie mit beschwörendem Händeringen, das auch den Schamanen sehr gut gestanden hätte: »Aber wir können die ganze Welt erforschen mit allen Sternen, der Milchstraße und den allerwinzigsten Teilchen der Materie, samt allen Gesetzen der Welt!«

Da sagte der älteste, zahnloseste und weißhaarigste Schamane: »Das glauben wir euch gerne, daß ihr eines Tages die ganze Welt erforscht haben werdet. Aber vergeßt nicht, euch zuerst eine erforschbare Welt zu machen!«

Es gibt zwischen Poesie und Physik einen Abgrund des Mißtrauens und der Unliebe. Einerseits der permanente Vorwurf an die sogenannten exakten Wissenschaften: Ihr macht mit euren Eingriffen in ihrer Konsequenz die Welt kaputt und weist die Verantwortung von euch. Auch ich muß mir manchmal Mühe geben, die machtvolle Gegenwart der Naturwissenschaften nicht als ständige Beleidigung für einen Poeten zu empfinden. Andererseits der indignierte Augenaufschlag der Professionellen und das maulende »Man wird doch noch forschen dürfen!« bis zum Hinweis auf Galilei und das Prinzip des verbotenen Wissens, das weiß Gott keine gute Vergangenheit habe. Macht, Realität und Konsens scheinen dabei ganz auf seiten der Naturwissenschaft, die Sympathie aber nicht. Die Einschätzung der Naturwissenschaftler ähnelt der des Militärs (und in der Tat: Eine Formel wirkt nicht anders als ein Befehl) – es muß halt sein, weil die Welt nun einnmal so ist. Es ist gefährlich, aber man kann es nicht aufhalten. Wir fügen uns, aber unser Herz schlägt anderswo. Was der Naturwissenschaft zugestanden wird, sind immer »großartige Leistungen«. Aber näher betrachtet, steckt darin eine Beleidigung. Niemand würde Goethes »Faust« oder die »Odyssee« eine »großartige Leistung« nennen und ein »aber« anfügen.

Es sind aber nicht *zwei* Welten, die von Poesie und Naturwissenschaften behandelt werden, sondern eine einzige. Schon das Wort »Materie« wird poetisch, wenn man es mit »Mutterstoff« übersetzt, wenn sich auch der Zeitgeist bei diesem Wort angewidert die Ohren zuhält.

Nehmen wir einen Chemiker, der mit seiner Freundin einen Mondspaziergang macht. Von komischer Unmöglichkeit ist es, ihn sagen zu lassen: »Schau doch das mondüberglänzte H_2O!« Ein Poet hat es da einfacher. Er wird vielleicht sagen: »Wie flüssiges Silber!« Eine mittelmäßige

Metapher, aber nicht unpoetisch. Und nun kommt das erste Mißverständnis: H_2O sei *keine* Metapher.

Das Silber des Poeten wird kein Mensch im Wasser nachweisen wollen, aber das H_2O bezieht seine sprachliche Berechtigung aus dem Nachweis der innersten Wasserbaustoffe. Für den Dichter ist das Wasser ein Element, der Wissenschaftler zerlegt es in wenige elementare einzelne Elemente. Denn die zwei Kügelchen der einen und die einzige der anderen Sorte sind ja im Inneren der Materie gar nicht da. In Wirklichkeit ist es nur so, als ob sie da wären, genau wie beim flüssigen Silber. H_2O ist also eine Metapher. Das war das erste.

Es gibt noch mehr vermeintlich unumstößliche Unterschiede zwischen Naturwissenschaften und Poesie, und am Ende bleibt fast nichts übrig, was man fest in Händen zu halten geglaubt hat und was einem nicht zwischen den Fingern zerrinnt. Ich zähle weiter auf:

– Poesie sei frei schweifend, Naturwissenschaft unbestechlich exakt. Aber einer der Grundpfeiler, auf den sich diese Exaktheit stützt, nämlich die Reihe natürlicher Zahlen, ist ein Produkt menschlicher Phantasie. Es gibt gar nichts frei Ausschweifenderes als diese Fiktion unendlicher Fortsetzbarkeit. Flüssiges Silber ist ein Gold dagegen an Exaktheit.

Ich habe einmal die Zahlen belauscht, wie sie sich wehmütig an alte Zeiten erinnerten: »Damals, als wir noch Pferde zu zählen hatten, Häuser, Menschen, Äpfel und Kornsäcke, da haben wir uns alle persönlich gekannt, auch wenn wir sehr viele waren, denn da war ja immer etwas dabei, was wir zu zählen hatten. Aber dann kam die Idee auf, wir sollten uns selber zählen, und das hat kein Ende gefunden und ist bis heute nicht abgeschlossen. So ist die Unendlichkeit entstanden.«

– Poesie sei sinnlich-erotisch, die Naturwissenschaft knochentrocken. In Wahrheit ist nichts libidinöser als der Forschungsdrang, der alles aus dem Weg räumt, was ihn hemmen will. Ethische Auflagen sind ihm nicht weniger lästig als die kirchliche Moral dem freien Liebesleben.

– Poesie sei schön, die Naturwissenschaften dagegen hätten mit Ästhetik nichts zu tun. Aber nichts befolgt die Gesetze der Ästhetik exakter als sie, die in ihrem Kern ganz aus sich selber heraus motiviert und einer reinen disfunktionalen Ästhetik verpflichtet ist, wie ich jedenfalls behaupten möchte, samt allen Gefahren, die das rein Ästhetische in sich birgt, weil es immer bestrebt ist, den Rest der Welt sich selber anzuverwandeln.

Aber wenn die Welt ein Kunstwerk ist, wie sollten die Bilder ihrer innersten Bestandteile unschön sein? Vor jedes Atommodell, stellvertretend für jedes Atom, gehört das weißblau gewürfelte Schild *Zu schützendes Kulturdenkmal.*

– Poesie sei schön ausgedacht, die Realität aber, die harte Wirklichkeit, wie sie nun einmal sei, werde von der exakten Forschung ermittelt.

Die Wahrheit ist dabei aber: Was wirklicher ist an den Naturwissenschaften, ist der herrschende Konsens über die Wirklichkeit. »H_2O« ist nicht realistischer als »Wasser«, denn es ist selber das Produkt einer Mischung und wird so hergestellt: Man nimmt natürliches Wasser, dazu gibt man Forschungsgeist zu etwa gleichen Teilen. Und es ist eben nicht atmosphärisch-stimmungsmäßig neutral. Man kann in eine Stimmung gar nicht wirkungsvoller eingreifen, als durch die Benennung des Wassers mit H_2O.

– Poesie sei herstellend, Naturwissenschaft sei nur vorfindend, das ist ein weiterer Irrtum. Die Naturwissenschaft bringt sich genau an der Stelle verändernd in die Welt ein, wo sie sich am konsequentesten herauszuhalten glaubt.

Der Eingriff der Wissenschaft in die Funktionen des Lebens, der sich selbständig gemacht hat und unheimliche Eigendynamik entfaltet, steht in einem Monster vor uns, das bei einem Gruselgeschichtenwettbewerb in einem verregneten Hotel am Genfer See im vergangenen Jahrhundert entstanden ist: Frankensteins aus Leichenteilen hergestellter künstlicher Mensch. Im Volksmund trägt das Ungeheuer fälschlicherweise den Namen des Wissenschaftlers, der es hergestellt hat, und nichts ist bezeichnender für die Angst der Leute vor der Naturwissenschaft. Frankenstein ist aber im Gegenteil ein ethisch hochmotivierter Arzt. Als sein Geschöpf vor ihm steht und gebieterisch nach einer Frau seinesgleichen verlangt, herrscht es ihn an: »Du bist mein Schöpfer, so gehorche mir denn!« Dr. Frankenstein setzt sein Leben aufs Spiel und weigert sich, einem Geschlecht humorloser Riesenwesen freie Bahn zu geben. Von jedem ein bißchen, das ist die Unheimlichkeit des Synthetischen im Kern. Was allen gemeinsam ist, da es von allen stammt, will sich den Rest der Welt unterwerfen. (Dasselbe Ungeheuer ist in dieser Anthologie schon einmal aufgetaucht, im Zusammenhang mit Tocqueville. Dort steht es für die Unheimlichkeit der Menschheit als Machtträger, hier für das unkontrollierbare Eigenleben des Synthetischen in der Welt der Stoffe. Im Volksmund heißt synthetisches Material abfällig »Plastik«, wird aber immerhin mit dem gleichen Wort bezeichnet wie die Arbeit eines Künstlers. Auch Frankensteins Monster ist, wenn man so will, eine Plastik. Am Ende dieses Vortrages wird uns noch einmal eine Plastik begegnen, wenn auch nicht im Zusammenhang mit Abfall und Unheimlichkeit, sondern als ein Gegenstand der Liebe.)

Jemand sagte: Auch ohne meine Lieder ginge die Welt nicht zugrunde. Schön, war die Antwort. Ich muß aber darauf aufmerksam machen, daß die Welt ausschließlich aus Dingen besteht, ohne die sie nicht zugrunde gehen würde. Man kann doch nun aber die Welt nicht einfach so ihrer Bestandteile berauben!

Zurück zum Dialog zwischen Poesie und Naturwissenschaft. Es stellt sich die Frage: Wie komme ich denn nun vom Wasser zum H_2O, wenn es schon zwei so verschiedene Aspekte ein und derselben Sache sind? Und vor allem: Wie komme ich wieder zurück?

Den Transfer zwischen zwei Orten kann man auch Umzug nennen, und siehe da, in Griechenland fahren Lastwagen mit der Aufschrift: METAFOROI, Umzüge. Eine Metapher ist ein Umzug, sie bringt etwas herüber oder hinüber wie er.

Aber es gibt eben zweierlei Umzüge: den festlichen mit Fahnen und Musik (Poesie) und den trivialen mit Möbelpackern und Wellpappkartons (die Naturwissenschaften). Dieser Umzug interessiert sich nur für Anfangs- und Endpunkt seiner Bewegung. Der erste, festliche, versteckt diese beiden, weil es ihm auf die Präsenz dazwischen ankommt. Dem sportlichen Denker stellt sich die Frage nach dem Meta-Umzug: Wie komme ich von dem einen Umzug, dem der Spedition, zum anderen, festlich-poetischen? Die Lösung dieses Rätsels wird noch bekanntgegeben.

Zur Zeit der Hochblüte der Renaissance hat sich ein Mann, den ich als Schutzpatron des naturwissenschaftlich-künstlerischen Dialoges zitieren möchte –

– Zitieren, schon dieses Wort hat einen Doppelsinn, von dem uns nur mehr die eine Hälfte bewußt ist. Diese besagt: nachsprechen, was jemand anderes gesagt hat, um es nicht für das Eigene auszugeben. Daneben soll heute abend der alte Sinn stehen: einen Geist herbeibeschwören. Das ist die Weltsicht der Schamanen, deren Sprache gerade da die Sprache der Wissenschaften gespeist hat, wo sie am genauesten sein will –

– *Leonardo da Vinci* also, den ich in beiden Sinnen des Wortes *zitieren* möchte, hat sich beklagt, daß die ganze Wiederbelebung der Antike in seiner Epoche, der Renaissance, von Literatur und Philosophie mit Beschlag belegt sei, während man ihn als einen »nur«-Ingenieur verachte, wo doch auch er an die Antike anknüpfe, nämlich an ihre naturwissenschaftlichen Erkenntnisse, und auf ihren Maschinen aufbaue.

Beim Transport aus der Antike in die Neuzeit muß der Physik etwas verlorengegangen sein: die Überzeugung, daß es sich bei physikalischen Vorgängen um etwas Geistiges handelt; denn das, was einen lebendigen Körper von innen heraus bewegt, kann gar nichts anderes sein als ein Geist, der Genius, das *ingenium*. Das Wort Ingenieur, nur um noch einmal ein Licht auf die Verwandtschaft der entfremdeten Bereiche zu werfen, das Wort Ingenieur und das Wort *ingenium* sind ein und dasselbe. Wie sollte Naturwissenschaft geistlos sein!

Natürlich gibt es verschiedene Geister. Der Geist, der alles auf geistlose Mechanismen zurückführt, ist auch einer dieser Geister, aber eben nur einer davon.

Der Naturwissenschaftler und Philosoph Leibniz, nach Leonardo ein zweiter Gewährsmann, war einer der ersten, die die Versteinerungen von Fischen, die im Harz gefunden wurden, als das erkannten, was sie waren: Reste eines Urmeeres. Die Gelehrten bis hin zu seiner Zeit hatten dafür eine völlig andere Erklärung: das seien steinerne Ideen von Fischen, die zu ihrer Konservierung von Gott im Berg aufbewahrt würden, um ab und zu Verwendung zu finden, woraus sich auch gleich erklärte, weshalb sich so viele ausgelaufene Modelle darunter befanden. Leibniz bestand darauf, daß es sich nicht um Fischideen, sondern um Fische, wenn auch uralte und versteinerte Fische handle. Zum Spott der Gelehrten, die zu Recht fragten, wie denn das Meer in den Berg hineingelangt sei. Das wisse auch er nicht, antwortete Leibniz, aber er bleibe bei seiner Überzeugung.

Das ist einer der Fälle, wo der Fortschritt der Wissenschaft über alten Aberglauben triumphierte, der die Natur noch aufgefaßt hatte als Nachweis eines wirkenden persönlichen Willens. Aber diese alte Auffassung hat auch etwas ungemein Fortschrittliches: Sie begreift das Vorgefundene nicht als toten Überrest, sondern als kreative Quelle, die Anfang und Schöpfung der Welt hier und jetzt stattfinden läßt. So gesehen, ist ein Eingriff in die Natur nur sehr bedingt und behutsam möglich, weil er den Eingriff in ein laufendes Verfahren darstellt: eine hochbrisante Philosophie, die uns heute interessieren muß.

Wie bewerkstellige ich aber den Umzug dieser Philosophie in die Jetztzeit, wie rette ich den Fortschritt aus dem Überholten? »Der Urknall ist jetzt im Moment«, das ist eine Theorie, die weniger unaktuell ist als die Meinung von den steinernen Fischideen, aber mit ihr auf ein und dasselbe hinausläuft, nämlich auf den Zeitablauf als eine Fiktion. Es müßte doch also auch eine Möglichkeit geben, die Schöpfung jetzt in der Gegenwart stattfinden zu lassen, ohne dabei gestrig zu sein, was sich aber eigentlich schon aus diesem Wunsch selber ergibt.

Ich möchte nebenbei darauf hinweisen, daß Leibniz noch fest an das Einhorn geglaubt und Modelle von diesem Tier entworfen hat. Man hatte ja das Horn gefunden, wie sollte das Tier nicht existiert haben? Das Einhorn ging ins Meer, um zu sterben, und so wurde sein Horn an den Strand geschwemmt. Dieses spiralig gedrehte Horn war dort bisweilen zu finden und ist es bis heute: Es ist der Stoßzahn des Narwals, aber wer das nicht weiß, zieht seine eigenen Schlüsse. Aus dem vorhandenen Teil einer Sache auf das Ganze zurückzuschließen, ist also auch dem Naturwissenschaftler nicht fremd, ja, so entstehen ganze Welten, seien es mythische oder technische.

Ein Heimatlied soll illustrierend in diesem Zusammenhang stehen, es spielt auf einem Vorhügel der Schwäbischen Alb, mit den Fischversteinerungen im Ölschiefer dicht unter der Grasnarbe. Es setzt die Heimat an eine sehr naheliegende Stelle: auf den Erdboden, und zwar nicht oder nur nebenbei zwischen Grenzen als etwas Ausgedehntes und damit Eingeschränktes, sondern selber als Grenze zwischen oben und unten, auf der sich eigentlich alles abspielt. Oben ist es leicht, unten ist es schwer, sehr einfach.

Das Land

Wir haben noch Zeit,
komm, wir steigen den Berg hinauf
und schauen von oben
hinunter auf's Land.
Von vorne bis hinten
zum bläulichen Horizont,
da zeig' ich dir alles
mit der bloßen Hand.

Es schimmert das Land
im sonnigen Nachmittag,
so zart wie ein Schleier,
so fein wie ein Hauch.
Wo zwischen den Wäldern
weit hinten ein Feuer brennt,
steht schräg eine Fahne
von blaugrauem Rauch.

Zwischen Außen und Innen
ist das Land eine dünne Haut,
zwischen oben und unten
und leicht und schwer.
Drüber die leichten,
die Vögel und Wolken,
und schwer in der Tiefe
ein versteinertes Meer.

Ein versteinertes Meer
und die Körper von Fischen drin,
die das Gras wachsen hören
über sich, gar nicht weit.
Sie liegen da drunten
seit Jahrmillionen,
wir sitzen hier oben,
und wir haben noch Zeit.

Wir haben noch Zeit,
drum schau in die Ferne,
wo das Land in die Rundung
des Erdballs abfällt.
Leg deine Hand neben dich
in das warme Gras,
und fahre darüber, schau,
das ist die Welt.

Die Welt, das Land,
und ist auch das Land so arg
von Besitzern besessen,
von Giften vergällt,
verkauft und zerwühlt
und geschunden, ist's
doch unser Land.
Unser Feuer, unser Wasser,
unsere Luft, unsere Welt.

Es war vor drei Jahren, daß ein Gespräch über Poesie und Naturwissenschaften mit dem Direktor eines Max-Planck-Institutes stattfand, der die notwendige Unaufhaltsamkeit seiner Forschung verteidigte und zum Trost auf das Fahrrad hinwies, das ja auch seine endgültige Form und Funktion erreicht habe und bloß noch in nebensächlichen Details verändert werden könne. Ebenso, meinte er, werde geforscht, bis die Welt enträtselt sei, dann werde man aufhören. Die Frage, wohin denn dann das fertige naturwissenschaftliche Fahrrad fahren solle, blieb ohne Antwort, der Glaube an einen gesättigten Endzustand der Forschung aber blieb bei mir erschütterbar.

Ich erinnere an die beiden Arten von Umzug und die Frage, wie man von einem zum anderen komme. Die Naturwissenschaft hat den Anspruch des Möbeltransports: Dort will ich auf dem schnellsten Weg hin und mich dann entladen. In Wirklichkeit genießt sie das Dasein unterwegs und schiebt ihre Ziele unendlich hinaus, räumt aber auch alles beiseite, was sich ihr in den Weg stellt. Es ist genau wie beim Fahren auf der Autobahn ohne Geschwindigkeitsbeschränkung, was ja auch unter dem Vorwand eines Zieles sehr wohl ästhetisch genossen wird.

Als Max Planck sich zum Studium der Physik anschickte, wurde ihm von einem Physikprofessor abgeraten: In der Physik gebe es eigentlich nichts mehr zu forschen. Wir wissen es heute besser. Auch das Fahrrad hat sich in den drei Jahren seit dem Gespräch mit dem Max-Plank-Instituts-Direktor verändert: Das Liegefahrrad ist dazugekommen, und das ist wirklich was anderes als das, was wir bislang kannten. Ja – würde mein Max-Planck-Freund protestieren – die Funktionsweise und der Antrieb hätten sich ja gar nicht verändert; und da käme dann ein fundamentaler Einwand der Poesie an die Naturwissenschaft: Ihr glaubt immer, ihr wißt, wie es funktioniert, und wüßtet schon, was es ist. Aber zur Versöhnung: Die exakten Wissenschaften wird es nach meiner Überzeugung in gleichem Sinn immer geben, wie es immer Poesie geben wird, eine Art poetisch-naturwissenschaftliches Liegefahrrad. Ich stelle mir zwei Bilder ein und derselben Sache vor: links ein Seerosenblatt, der lange Stengel unter Wasser verschwommen und durch die Bewegung der Wasseroberfläche nur in Brechungen sichtbar – das Ganze in perspektivischer Draufsicht, wie sie gerade zur Zeit Leonardos den subjektiven menschlichen Standpunkt so entschieden in das Bild der Welt eingebracht hat. Daneben, rechts, eine schematische Schnittzeichnung, die sozusagen die Organisation der Pflanze zeigt und ihre Verankerung im Grund; das Wasser ist durch die Summenformel H_2O gekennzeichnet, seine Fließrichtung läßt sich an einem eingezeichneten Pfeil ablesen.

Das linke Bild steht für die Poesie, das rechte für die Naturwissenschaft, links flüssiges Silber, rechts H_2O, links eine Nymphe und rechts, siehe da, der wissenschaftliche Name: eine Nymphaeacee.

Es gibt einen verhängnisvollen Hang in den Naturwissenschaften, den Tomatensaft in »Tomatin« umzubenennen und dann bei seinem Geschmack erst in den Ruf »Aha!« und dann in den Ruf »Ach so!« auszubrechen, weil man nun ein sprachliches Verwaltungsinstrument in der Hand zu haben glaubt. Im naturwissenschaftlichen Museum König in Bonn steht eine Vitrine mit einer ausgestopften Ente darin. Dem zugehörigen Täfelchen ist zu entnehmen, daß dies eine Ente sei. Ein wachsamer Dichter würde bereits dieses bestreiten und den ausgestellten Gegenstand »Erinnerung an eine Ente« nennen, was zwar sentimental klingt, aber durch und durch realistisch ist. Unter »Ente« steht auf dem Schild: »Familie: Entenartige«. Daraus ist zu entnehmen, daß es sich bei einer Ente um ein entenartiges Wesen handelt. Ein Mensch ist demzufolge etwas Menschenartiges, wer wollte dem widersprechen.

Welcher Standpunkt – und dies zur Frage der größeren Wirklichkeit – ist der utopische und welcher in den beiden Bildern der topische? (*Utopisch* übersetzt und wirklich genommen als das, was keinen *Ort* hat, *topisch* als das, was einen Ort hat.) Was ist da romantisch, was realistisch? Wie komme ich von links nach rechts und zurück, wie schaffe ich den Umzug? Und wo liegt meine Heimat? Und noch eine Frage: Ist der Weg nach Hause ein Hinweg oder ein Rückweg?

Romantisch-utopisch ist das rechte, das *naturwissenschaftliche* Bild, denn den Ort, der diese Betrachtungsweise erlaubt, gibt es nicht. Wenn es ihn gäbe, wenn der Querschnitt durch Wasser und Boden möglich wäre, dann würde ja das Wasser auslaufen und alles ginge den Bach runter, was allerdings gar nicht so unrealistisch gesehen ist. Wenn es einen Vorwurf gegen die Weltsicht der Naturwissenschaften gibt, dann den, daß sie die wirkliche Welt ihrem utopischen und wie gesagt hochästhetischen Bild anzugleichen strebt.

Eine riesige Mauer von Wasser kommt von Nord nach Süd auf uns zugeschossen. Was ist passiert? Die Nordsee ist umgekippt.

Im Innersten der Materie, so las ich in der Einleitung von Becherts Lehrbuch über Atomphysik, vermischt sich das Körperhafte mit dem Wellenhaften. Wenn derlei passiert, so denkt der nüchterne Poet an einen Badestrand, aber an einen zauberhaften, wo die Welle ein Mensch und der Mensch eine Welle sein kann.

Die Biographie einer Welle endet am Strand, weil eben

auch die Wellen am Strande baden gehen. Zu bedenken ist, daß die Physik die Lehre von den Körpern ist und daß das Wort Körper noch in Zeiten der Aufklärung keinen Doppelsinn hatte zwischen lebend und tot, zwischen Venus und Ziegelstein, sondern daß beide den gleichen Gesetzen unterworfen waren und wurden. Eine Welle ist ein Körper, und zwar, für hier und jetzt jedenfalls, ein lebender.

Die Welle

Da kommt ein Berg, ein Hügel heran
aus Wasser, das ist eine Welle,
die eilt, als wären Flügel daran
und kommt doch auch so von der Stelle.
Sie kommt auf dich zu, und du stehst am Strand
des Meeres im Kieselgeschliffe
und denkst dir, es ist für die Wellen der Sand,
was der Hafen ist für die Schiffe.

In der Nähe von Land fühlt die Welle den Grund
und das bedeutet ihr Ende.
So, wie wir ertränken mit gurgelndem Mund,
wenn der Fuß den Grund nicht mehr fände.
Wir können schwimmen im Wasser, doch kennt
die Welle nicht Füße noch Krücken,
um, bis sie das nächste Gewässer fänd',
das Trockene zu überbrücken.

Die Wellen wandern und kommen von weit
und gehen am Strande verloren,
im Gefilde der Abgrundlosigkeit,
aber wo werden Wellen geboren?
Die Welle, so lang sie am Leben ist, schweigt
in blauen, wippenden Flächen,

bis sie sich vor dem Strande verneigt,
um sich und ihr Schweigen zu brechen.

Sie ist, wo sie herkommt, schneller als da,
wo sie hingeht, sie krümmt ihren Rücken
und höhlt sich vorne, sie kommt sich ganz nah,
um sich nach sich selber zu bücken.
In ihren Spitzen mischt sich das Licht
mit kräuselndem Wasser und Rauschen
zu weißem Schaum, der knisternd zerbricht,
um sich mit der Luft zu vertauschen.

Sie greift zur Rettung an sich hinab
mit hastigen, schaumigen Händen,
doch gleitet ihr Griff an der Glätte ab
der schimmernden Wände, der Lenden.
Sie kommt, sie stürzt über sich im Schub,
da liegt sie, sie wälzt sich im Gischte
aus eigenem Schaum, der sie in sich begrub
und brausend mit sich vermischte.

Und aus dem Rest von dem großen Schwung,
da schwingt sich ein knisternder Schleier
aus Wasser und Schaum, ganz zart und ganz jung,
an Land zur Verschwisterungsfeier.
Zieht sich wieder zurück und zerreißt,
den rieselnden Sand zu benetzen;
daß Venus aus Schaum geboren ist, heißt:
hier sind ihre Windelfetzen.

Die Teilchen des Wassers, wie wir alle in der Schule gelernt haben, schwingen ja auf und ab, und das, was sich fortbewegt, ist eine Illusion. Die Welle gibt es also in Wirklichkeit gar nicht, aber sie ist wie Gott, wie man in jeder stärkeren Brandung erfahren kann: Es gibt sie nicht, aber sie haut einen um.

Ich habe vor mir eine Beschreibung der Flügelmechanik der Hamburger Firma Steinway & Sons, eine Beschreibung der Stoßmechanik, wie sie seit 1880 nicht mehr verbessert werden konnte. Ich habe mir vorgestellt, ein außerirdisches Forschungsteam würde versuchen, in die Geheimnisse der irdischen Musik einzudringen, und sie hätten diese Beschreibung der Funktionsweise eines zentralen Musikinstrumentes entdeckt, und, nachdem sie alles verstanden und verifiziert hätten, wären sie zurückgereist und würden nun auf ihrem Heimatplaneten Musik lehren. Ich zitiere also:

»An der Hintertaste ist eine Pilote befestigt, die durch Drehen ein Unterstellen von Hebeglied und Hammer ermöglicht. Beim Tastenanschlag wird die im Hebeglied federnd angebrachte Stoßzunge gegen das belederte Hammerröllchen gestoßen und an den Hammer weitergegeben.

Kurz vor dem Hammeranschlag an die Saiten wird die Winkelstoßzunge (Ärmchen) ausgelöst und kann mit Hilfe der Auslösepuppe präzise eingestellt werden. Im Hebeglied ist ein zweiter Hebel federnd angebracht. Dieser Repetierschenkel wird durch eine Repetierschraube im geeigneten Zeitpunkt festgehalten, so daß der Hammer bei einer langsam betätigten Auslösung auf die Gabel zurückfällt und von ihm getragen wird.

Bei einem kräftigen Anschlag drückt der Hammer den Repetierschenkel nach unten, wobei ersterer von einem sich auf der Hintertaste befindlichen Fänger gebremst wird. Wenn die Taste um ein weniges zurückgelassen wird, gibt der Fänger den Hammer frei, der von dem mit richtigem Federdruck eingestellten Repetierschenkel wieder hochgehoben wird, so daß die Stoßzunge für einen neuen Anschlag unter die Rolle gleiten kann, ehe die Taste in Ruhelage zurückgekehrt ist.«

Das wäre dann Musik. Sicher renne ich bei einem Physiker offene Türen ein, wenn ich sage, das sei keine Musik. Ich komme ihm aber weiter entgegen, als er es wahrscheinlich wünscht, und behaupte: Es ist Musik, und zwar genau das, was sich während des Vortrags eines Klaviervirtuosen tausendfach abspielt. Es ist sogar das, was im Grunde aller Töne immer gleich und eins ist, also kommt ihm eine zentrale, ja religiöse Bedeutung zu. Ich möchte an dieser Stelle darauf hinweisen, daß das Wort »Virtuose« zuerst brillanten Naturwissenschaftlern gegolten hat, bevor es auf perfekte Instrumentalsolisten übertragen wurde.

Der Virtuose braucht die Technik, und Technik heißt nichts anderes als Kunst, und die ist in der Mechanik wie im Virtuosen gleichermaßen enthalten. Die Technik spielt sich also im Menschen ab, und in der anscheinend so trockenen Beschreibung der Hammermechanik ist ja, umgekehrt, von lauter Gliedern, Zungen, Ärmchen und Schenkeln die Rede, was, richtig gelesen, gar keinen so nüchternen Eindruck mehr macht. Poetisch oder trocken ist jeweils weniger der Gegenstand, als vielmehr die Betrachtungsweise. Ich würde auch nur ungern zustimmen, wenn es von einem Klavierspieler hieße, er sei zwar technisch brillant, musikalisch aber unausgereift. Ich würde lieber sagen, er habe die falsche Technik, weil sein Spiel zu kalt sei. In der menschlichen Haltung bei der Annäherung an einen lebenden oder unbelebten Gegenstand liegt Richtigkeit und Fehlerhaftigkeit seines Abbildes. Die vermeintliche Kälte der technischen Welt ist die Kälte der forschenden Bemächtigung oder vielmehr ihre Temperaturlosigkeit. Wenn das, worauf sich zweifelsfrei alle einigen und berufen können, wenn der unumstößliche Konsens sich nicht auf einen Gott bezieht und von ihm ausgeht, so hat es keine Wärme, wir haben hierfür keinen anderen Ausdruck als Kälte und meinen die Abwesenheit von Temperatur überhaupt.

Die Gefahr, die dabei in meinen Augen und Ohren am gigantischsten droht, nenne ich die Schrumpfung der Welt, die dadurch eintritt, daß der Zugriff auf die innersten Gesetze des Zusammenwirkens der Kräfte mit der Welt selber verwechselt wird. Und zwar ist diese Gefahr um so bedrohlicher, je weniger professionell der Forschergeist zu Werke geht, mit anderen Worten: Das Gift ist nicht die Naturwissenschaft, sondern das Sickergut der Naturwissenschaft im allgemeinen Bewußtsein.

Ein großer Geist aus einer dieser Disziplinen weiß doch, was der Gesang einer Lerche ist, nur wir infizierten Laien sind in Gefahr, mit Kennerblick von Brutrevierverteidigung zu sprechen, ohne zu merken, wie uns der Gegenstand unserer Wahrnehmung dabei schrumpft und verkümmert. Daß die Lerche ihr Brutrevier verteidigt, wenn sie singt, soll gar nicht bestritten werden, nur soll doch die Lerche selber auch einmal gehört werden. Die würde auf die entsprechende Frage zweifellos antworten: »Mein Brutrevier verteidigen? Das mache ich doch mit links!« Die Freude an einer Naturerscheinung ersetzt sich so leicht durch die Einsicht in intellektuell genießbare Funktionszusammenhänge, die sich lustvoll an die Stelle des rätselhaften Universums schieben, das sich im Detail repräsentiert. Psychologisch ausgedrückt: Es tut nicht weh, wenn man schrumpft, es ist ein Genuß. Es tut vielmehr weh, wenn man wächst.

Zwei zentrale andere Beispiele:

Der Wert der Dinge in unserer Umgebung ist sehr verschiedenartig und manchmal gar nicht miteinander zu vergleichen, von Erinnerungen geprägt, Geschmäckern unterworfen undsoweiter. Der Konsens über all diese Werte, worauf man sich eben geeinigt hat, ist das Geld.

Für den Komplex der verschiedenen Veränderungen, denen die Bestandteile der Welt unterworfen sind, auf ganz verschiedene Arten, gilt die eine, einzige und hinter allem stehende Zeit. Sie ist für unsere Begriffe der unbarmherzig alles und jedes gleichmäßig erfassende Strom, der das Weltgeschehen voranträgt. Das Unumstößliche daran besteht keineswegs in der Zeit selber, sondern in der Übereinkunft über das Wesen der Veränderungen, die sie alle summarisch über einen einzigen Kamm schert.

Unbarmherzig rückt der Uhrzeiger weiter. Man muß aber auch dazusagen: Unbarmherzig wird der Uhrzeiger vorangetrieben.

Der Konsens über eine Sache schiebt sich an die Stelle der Sache selber, der Diener schwingt sich zum Herrn auf. Es ist wie beim Traum: Er gilt als verschwommen. Verschwommen ist aber nicht der Traum – es gibt nichts Präziseres als ihn –, verschwommen ist nur die Erinnerung daran. Die strenge Gesetzmäßigkeit im Kern der Materie und in den Tiefen des Alls ist nichts anderes als die strenge Gesetzmäßigkeit in den Hirnen der Wissenschaftler, obendrein gesteigert durch den ungeheuren Konkurrenzdruck der zuständigen Institute.

Ich habe von Kälte und von Schrumpfung gesprochen, und beide hängen in physikalischem Sinne ebenso eng zusammen wie in der Anwendung auf die Entwicklung einer menschlichen Persönlichkeit. Das Wort »Liliputaner«, das irrigerweise auch auf Menschen angewendet wird, die keineswegs geschrumpft sind, stammt aus dem berühmten Roman von Jonathan Swift, der seinen Helden Gulliver durch exotische Länder von Riesen und Zwergen reisen ließ. Damit hatte der Autor nichts anderes im Sinn, als eine Parodie zu schreiben auf die Welt, die entsteht, wenn dasjenige, was sich unter Mikroskop und Fernrohr zeigt, die Oberhand über unsere heimatlichen Dimensionen gewinnt.

Im ›Spiegel‹ stand ein Artikel über Hundehalter, und darin eine aufklärerische Desillusionierung: Der Hund, der mit Freudenlauten an seinem Herrn zur Begrüßung hochspringe, bringe dadurch eben nicht, wie viele Hundehalter vermeinten, seine Liebe zum Ausdruck, sondern nur sein Unterwürfigkeitsverhalten gegen das Alphatier, das er in seinem menschlichen Herrn erblicke. Woher aber weiß der Forscher, daß ein Tier sein Leittier, daß der Hund seinen Herrn nicht liebt?

Das sei ein Anthropomorphismus, hier würden menschliche Verhaltensweisen auf Tiere übertragen. Genau eben das passiert: Dem armen Hund wird – auch wissenschaftlich völlig bodenlos – die Lieblosigkeit der Forschung unterstellt.

Liebe ist in der Natur nicht nachweisbar und in den exakten Wissenschaften infolgedessen auch nicht. Wenn aber immer bloß das Nachweisbare gelten soll, dann entsteht eine Welt des Nachweisbaren, die alles andere aus sich verdrängen will.

Ich möchte noch einmal betonen, daß die großen forschenden und findenden Kapazitäten –

– »Finden« hat einen Doppelsinn in sich, der die Problematik erhellt und auflöst: Es heißt vorfinden und erfinden in einem, was die Poesie und die Naturwissenschaft brüderlich in sich vereint – finde ich –

– daß die Kapazitäten also in den Wissenschaften selbstverständlich einen Bereich des Unbegreiflichen offengelassen haben, für den sie sich nicht zuständig fühlen, an dem sie sich nicht vergreifen wollten, aber was ist passiert? Es ist ein Bild entstanden, als wäre das Unbegreifliche gar nicht vorhanden.

Freud hat einen riesigen, ja kosmisch gigantischen Bereich der menschlichen Seele das Unbewußte genannt, nach außenhin absolut grenzenlos gedacht. Aber es ist zum

Beispiel in Volkssternwarten, nachdem die Unendlichkeit des Universums erklärt ist, die von den Besuchern am häufigsten gestellte Frage: »Schön, es ist unendlich, aber was ist eigentlich um das Ganze außen herum?« Die Vernunft will immer alles verpacken, und auf diesem Wege ist auch das Unbewußte eingegrenzt und zum hantier- und manipulierbaren Begriff geworden, eine Art dunkler und feuchter Kartoffelkeller als unterer Seelenappendix. Das nenne ich Schrumpfung der Welt durch Einleitung wissenschaftlichen Sickergutes.

Es geht nun nicht um ein Achselzucken der Fachleute (»Was können wir für die laienhafte Verwässerung unserer Erkenntnisse?«), sondern um eine Frage. Die lautet: Was wäre eine Wissenschaft, die kein giftiges Sickergut aus sich entläßt?

Eines meiner Lieder hat ein zentrales menschliches Organ zum Gegenstand, das Herz. Das Herz in seiner Funktion als Pumpe ist ja auch ein Gegenstand der Herzchirurgie und damit der Naturwissenschaften.

Der Chirurg mit Herz zählt zu den populärsten Figuren der deutschen Trivialromane und Fernsehserien. Wie groß muß der Hunger im Volk nach einer Verbindung von Wissenschaftlichkeit und Warmherzigkeit in einem einzigen Menschen sein, wenn schon der Erfolg des Zerrbildes so groß ist!

Das Herz ist zum Umzug, also als Metapher geeignet, denn man kann sagen: »Du bist mein Herz!« Was man nicht sagen kann zu einem geliebten Menschen, ist: »Du bist meine Pumpe!« Ist also Pumpe keine Metapher?

Es ist eine, denn sie kann so unterschiedliche Gebilde wie ein Dieselaggregat und ein menschliches Herz in Beziehung setzen. Die Technik ist poetisch.

Das Herz

Ich nehme aus jeder Sprache ein Wort,
auch, wenn ich davon sonst kein anderes kann.
Und was es bedeutet, das hat seinen Ort
in jeder Frau und in jedem Mann.
Jedes Wort heißt dasselbe, aber keines klingt gleich,
und ums jemals zu sehn, ist es viel zu nah.
Es ist rot, es ist stark, es ist zäh, es ist weich,
und es gibt es sehr oft, doch bloß eines ist da:

Mon cœur, my heart, mi corazón, kardia mou,
sjärce moi, mein Herz bist du,
eine rote Flut strömt von dir in mich rein,
wenn du nicht mehr bist, will auch ich nicht mehr sein.

Das Kind ist am Nachmittage erwacht,
hat die Augen offen und rührt sich nicht.
Doch hört man ein kleines bißchen, wie es lacht,
denn es spürt was Lebendiges, ganz dicht,
was hüpft und sich rührt, und das Kind lauscht vor sich hin.
Es hat ja noch keinen Namen dafür,
es glaubt, ein kleines Tierlein spielt in ihm drin,
das zeig ich dir, leis!, durch die offene Tür,

Mon cœur, my heart, mi corazón, kardia mou,
sjärce moi, mein Herz bist du,
eine rote Flut strömt von dir in mich rein,
wenn du nicht mehr bist, will auch ich nicht mehr sein.

Aus dem Süden ein Arbeiter, mitten im Dreck,
mit der Fremde und Kälte rings um ihn herum.
Da greift seine Rechte links ins Versteck,
er schaut rechts, er schaut links, und dann schaut er sich um.

Und dann zieht er hervor aus der Brusttasche Grund
eine Fotografie mit beschädigtem Rand,
ein Gesicht mit Wangen und Augen und Mund,
das legt er vor sich auf die schmutzige Hand.

Mon cœur, my heart, mi corazón, kardia mou,
sjärce moi, mein Herz bist du,
eine rote Flut strömt von dir in mich rein,
wenn du nicht mehr bist, will auch ich nicht mehr sein.

Das sing ich für dich, und ich halt dich ganz fest,
mein Herz, der ich draußen und drinnen eins trag,
und beides macht eins, aber dann bleibt kein Rest,
bis auf das, was ich ohne zu reden dir sag.
Leg nur, mein Liebling, dein Ohr hierher
und horch, wie es schlägt, Nacht für Nacht, Tag für Tag,
so langsam, so schnell und so leicht und so schwer
und um Schlag und um Schlag und um Schlag und um Schlag.

Mon cœur, my heart, mi corazón, kardia mou,
sjärce moi, mein Herz bist du,
eine rote Flut strömt von dir in mich rein,
wenn du nicht mehr bist, will auch ich nicht mehr sein.

Noch zu Aristoteles' Zeiten war das Herz nicht nur Gefühls-, sondern auch Verstandeszentrum. Der graue Brei im Schädel war für ihn eine Art Kühlmasse, die verhindert, daß die brennende Mittelmeersonne ungefiltert das Denkzentrum im Herzen verwirrt. So waren das Gewußte und das Gefühlte noch eins, der Umzug von Herz nach Hirn und umgekehrt war überflüssig. Welch eine Art, in der Welt zu sein! Wie könnte man wieder da hinkommen, auch wenn man weiß, daß man im Kopf denkt?

Noch schwieriger: Wie befreie ich diesen Wunsch vom

Odium des Nostalgisch-Reaktionären, irgendwohin zurück- und nicht voranzukommen? Ich versuche es durch eine schlichte Wahrnehmung: Nur der Rückblick erlaubt es, die ins Auge zu fassen, die nach uns kommen, also einen Blick auf die Zukunft richten.

Es scheint bei dieser räumlich-zeitlichen Umdrehung ein sprachlicher Zufall im Spiel zu sein, aber eben ein Zufall ist es, der immer unerwartet und unberechenbar auftaucht und so unerwartete Paarungen wie Moral und Sinnlichkeit zustande bringt.

Die Liebe in Person, Amor, ist blind, trifft aber, zum Zeichen, daß nur der Zufallstreffer wirklich das Zentrum berührt. Liebe und Zufall, so gesehen, fallen in eins zusammen.

Wie kommt eigentlich der Wissenschaftler, wie kommt andrerseits der Poet auf seine Ideen und Gedanken? Beide, in den besten Fällen, nicht durch Berechnung und Konstruktion, sondern durch blitzartige Ereignisse, sozusagen Plötzlichter, die im Bewußtsein aufzucken, Pfeile im Herzen, wo der Verstand sitzt. Dieses Ereignis: das, was einem plötzlich kommt, woran man lange gebrütet hat, was einem *zu*fällt, heißt *Ein*fall.

Auch der exakte Wissenschaftler bedient sich dieser Quelle und ist auf sie angewiesen. Kekulé ist die Lösung eines chemischen Problems im Traum gekommen, so wurde der Benzolring entdeckt, ein klassischer Zufall!

In sonderbarem Kontrast dazu steht die Bestrebung, den Zufall zu eliminieren und zu degradieren: Das war ja *nur* Zufall, daß der Versuch gelungen ist, also gilt der Erfolg nicht, denn der Naturwissenschaftler will Formeln, die immer zutreffen. (Und falls der Zufall wissenschaftlich ernst genommen wird, soll er wiederum in seinen Gesetzen – die in ihn hineingelegt werden – erforscht und sozusagen domestiziert werden.) Immer dann, wenn das und das eintritt, ist dies und jenes die Folge. Der Poet dagegen will Wahrheiten, die nur ein einziges Mal gültig sind, er will den Zufall nicht eliminieren, sondern seinen Geist so erziehen, daß der Zufall öfter eintritt.

»Immer dann, wenn«, sagt der kritische Poet, »immer dann, wenn jemand sagt: ›Immer dann, wenn‹, ist schon alles zu spät, und selbst von dieser Regel gibt es noch Ausnahmen!«

Es ist jetzt Zeit, noch einmal auf die Schamanen zurückzukommen, deren Philosophie von der Naturwissenschaft so weit entfernt zu sein scheint. Ein Eingeborenen-Zauberer, wenn er etwa Regen herbeizaubert, opfert eine Ziege und murmelt ein Gebet dazu. Immer dann, wenn er dies tut, kommt Regen, so denkt er in seiner magischen Befangenheit. Aber so weit vom Magiergebet ist die chemische Formel gar nicht entfernt, denn die Formel »immer dann, wenn« ist der Kern des Magischen. Die Naturwissenschaft ist bloß perfekter in ihrer Magie, aber so oft kann es gar nicht regnen, daß die große Gemeinsamkeit des Magisch-Unbedingten zwischen Naturwissenschaft und Hexerei weggeschwemmt würde.

Es gibt eine alte chinesische Geschichte von einem Bauern, der über Land spaziert und plötzlich stolpert, über einen Hasen, den er sich mit einem Hechtsprung greift und mit nach Hause nimmt. »Ja, wenn das so ist«, sagt der Bauer, und seither tut er nichts mehr anderes, als über Land spazieren zu gehen in der Erwartung, über einen Hasen zu stolpern.

Das ist die Dummheit, mit dem Zufall zu rechnen, die Begnadung der Erleuchtung verfügbar machen zu wollen. Allerdings hat die Geschichte in sich auch etwas Formelhaftes, aber in ganz anderem Sinn. »Stimmt« sagt man, aber man sagt es ganz anders als bei einer mathematischen Formel, und zwar aus dem Grund, daß ein Sachverhalt und Zusammenhang durch ein handelndes Wesen erklärt worden ist, nämlich so, daß der Vorgang der Geschichte dem Sachverhalt nicht als Metapher dient, sondern der Sachverhalt mit einer handelnden Person identisch ist, und schon »identisch« ist irreführend.

»Sind Sie identisch mit Joachim Schulze?« wurde ein Mann beim Verhör gefragt. »Ich bin nicht identisch«, war die Antwort. »Ich bin es nämlich selber.«

Genauer kann man sich einen Zusammenhang nicht erklären als durch das Handeln menschlicher Wesen und die Darstellung aus dem Ablauf heraus. Nicht einmal für die ewig gültigen Formeln der Physik gibt es eine bessere Erklärung als die Mentalität der Physiker, die etwas aufbauen und starr daran festhalten will, immer unterwegs auf dem großen Umzug ihres Mobiliars zu einem endgültigen und festen Bild von Welt und Natur. Er hat etwas entdeckt und will, daß das jetzt und immer so ist, daher die Formel.

Und schon zeichnet sich für den mythischen Geschichtenerfinder eine Allegorie, eine Person, ein Drama ab. Da ist ein Liebhaber, der nach einer dauerhaften Verbindung mit der Geliebten strebt: Er will, daß das jetzt immer so sei. Sie aber will sich keinen Formeln unterwerfen und flieht.

Die Wahrheit ist nackt und flieht vor jemand, der sie will. Die Nacktheit steht dabei aber nicht nur zum Zeichen ihrer Unverfälschtheit, sondern eben auch zum Zeichen ihrer großen Verletzlichkeit. Und vor allem: zum Ausdruck ihrer selbst, zum Ausdruck ihrer Sinnlichkeit.

Apollo ist der Gott der Musen, und ich weise darauf hin, daß vor gar nicht so langer Zeit auch ein Mathematikstudent als Musenkind galt, ein Ausübender der freien Künste, denen auch die Musik angehörte. Naturwissenschaft war und ist im Prinzip nichts Unmusisches.

Apollo also war in Daphne verliebt, die nackt über Land floh, als wäre sie die Wahrheit, die von der Forschung gejagt wird. Immer näher, immer näher ist der Verfolger gekommen, und da – hat sie sich in einen Baum verwandelt.

Daher müssen alle Baumschutzverordnungen der Welt kommen. Da steht sie: nackt, schutzlos, sogar die Arme an sich hochgeschlagen, um zu sagen: Da bin ich, nimm mich doch! Aber du kriegst mich nicht.

Die Mythenforscher würden feststellen: In dieser Geschichte wird eine Frau in einen Baum verwandelt. Der Poet erkennt plötzlich: Die Geschichte verwandelt den Baum!

Ein Baum, stellvertretend für die ganze Natur, ist ein lebendiges Wesen, aber unnahbar; unnahbar, aber lebendig, und man kann ihn fällen, die Geliebte aus Rache für ihre Unnahbarkeit analysieren, bis in den innersten Zellkern untersuchen, und man wird ihr nicht näher kommen. Es sei denn, man respektiert ihr Wesen, und dann ist alles möglich.

Albert Schweitzer erzählte einmal, wie ihm plötzlich die Erkenntnis gekommen sei – die blitzartige Erkenntnis des lebendigen Zufalls –, daß sich aus der Ehrfurcht vor dem Leben alles andere im Umgang mit der Welt ergibt wie das Farbspektrum aus dem weißen Licht. (Wie oft hat nicht die Naturwissenschaft der Poesie Metaphern geliefert!) Wie dumm wäre es, zu sagen: »Ich bin gegen Naturwissenschaft!« Aber wie verfälschend, wie unsinnig, weil unsinnlich ist es auch, das Gefühl für die Lebendigkeit des Gegenstandes um so mehr fallen zu lassen, je tiefer man in ihn eindringt und schließlich mit den winzigsten Bausteinen der Materie das Exotische des Intimen, des Innersten also, erforscht. Es wird doch nach innen zu immer lebendiger und nicht immer toter, und es gäbe sicher auch andere Motivationen, zum Kern vorzustoßen, als um in den Genuß der Energien zu kommen, die frei werden, wenn man den Kern zerstört.

Erich Fromm hat eine berühmte Formel geprägt zum liebenden Umgang mit dem Leben:

»Nicht haben, sondern sein.«

Es gäbe einen Satz, der sowohl dieser Formel angefügt werden als auch für sich alleine stehen kann:

»Nicht etwas, sondern jemand.«

Das ist der Baum, nachdem eine schöne Frau sich in ihn verwandelt hat, und das sind auch noch die kleinsten Teilchen der Materie, hinter deren jedem wieder eine andere Geschichte steckt.

Nicht etwas, sondern jemand, das ist nicht nur die Physik in den Augen der poetischen Weltsicht, um die Kluft von dieser Seite her mit einer ausgestreckten Hand zu überbrücken, sondern auch der Gegenstand der naturwissenschaftlichen Forschung, wenn er wirklich präzise und realistisch erfaßt werden soll.

Der künstliche Gegensatz zwischen lebendigen Körpern im Sinn der Poesie und toten Körpern im Sinn der Physik, zwischen dem Stoff der Dichtung und dem Stoff der Wissenschaft, das ist das Verhängnis, in dessen Folge die Moral und damit die Poesie immer der Wissenschaft wie etwas Fremdes angehängt werden muß, wenn der Wissenschaftler den weißen Mantel ausgezogen und das Freizeithemd übergestreift hat. Die Moral der Forschung und damit ihre Zukunftsverträglichkeit ist ihrem Gegenstand immanent, in gleichem Sinn, wie die Sinnlichkeit von lebendigen Körpern gar nicht wegzudenken ist. Mit einem Wort: Es gibt gar nichts Sinnlicheres als die Moral.

Ich bin am Ende angelangt und möchte noch ein Lied über den Holunderbusch anfügen, als Beispiel dafür, wie es möglich ist, eine Pflanze als lebendiges Wesen anzusprechen. Aber zuerst noch zwei Dinge: Das erste ist eine Erinnerung an das Ungeheuer, das unter den Händen des Wissenschaftlers Frankenstein entstanden ist, das Monster. Es hat als künstliches Lebewesen ein Pendant in der Antike. Der Künstler Pygmalion hatte das Abbild einer Frau geschaffen, so wunderschön, daß er sich in sie verliebte, freilich unerfüllt und vergeblich. Da hatte Aphrodite, die Liebesgöttin, ein Erbarmen und machte das Kunstwerk lebendig. Es gibt in dieser Geschichte noch keine Grenze zwischen der Kunst und der Künstlichkeit, wie sie das Werk eines forschenden Wissenschaftlers auszeichnet. Mit anderen Worten: Es muß eine Art geben, Naturwissenschaft so zu betreiben, daß es der Liebe persönlich möglich ist, ihr Leben einzuhauchen.

Das andere ist die versprochene Lösung des Rätsels: Wie komme ich von einem Umzug zum anderen? Klar ist: Es muß ein Umzug stattfinden, man muß umziehen.

Nicht etwas, sondern jemand.

Man muß *sich* umziehen.

Holunderlied

Manche sind bunter, doch du bist Holunder,
hast schwarzblaues Blut.
Das ist so versöhnlich, du bist so gewöhnlich
und bist doch so gut.

Es kennt dich ein jeder, wenn weiß deine Räder
im grünen Laub stehn,
im Juni, dann weiß ich, jetzt muß ich ganz fleißig
spazierengehn.

Du bist schwer verwendbar, du bist nicht leicht brennbar,
dein Holz ist nicht stark
als Stecken und Stütze, zu gar nichts ist nütze
dein weißliches Mark.

Die Gärtner, die schmähen, die Vögel, die säen
im Fluge dich aus,
denn mit deinen Beeren tust du sie ernähren,
du gastfreies Haus.

Freilich gibts Blüten im feurigen Süden
von Afrika fern,
die duften wie Wunder, ach was, mein Holunder,
ich riech dich so gern!

Da hüpft sie, da schlüpft sie, da rauscht es, da sitzt sie,
die Amsel, die wiegt
ihr schlichtes Gefieder, und singt doch so schön,
wie der Kolibri fliegt!

An einsame Wehre, in Brennesselmeere
senkst du deinen Kiel,
in kärgliche Böden von Halden und Öden,
du brauchst ja nicht viel!

Mit Zweigen und Armen machst du voll Erbarmen
der Liebe ein Zelt.
Die Deutschen, die Türken mit dir selbst als Bürgen,
hast du da vermählt!

An rostigen Schienen und tief in Ruinen
gefällts deinem Busch.
Da schaut niemand hinter, da spielen die Kinder
mit husch husch husch husch!

Du kannst dich nicht rächen, mit Stacheln nicht stechen
und spitzigem Stift,
kannst Unheil nicht stiften, kannst niemand vergiften,
du hast gar kein Gift!

Wie hast du gelitten, ich hab dich geschnitten
als Knabe zum Spiel,
du hast nicht geschrien, du hast mir verziehen:
Du hättst noch so viel!

Und wenn ich einst sterbe, was ich dann vererbe,
ist hier zu ersehn:
die einzige Bitte: Laßt hinter der Hütte
den Hollerbusch stehn!

Sex als Themaverfehlung

Aufklärung nennen wir sowohl die lichtvolle Philosophie des 18. Jahrhunderts, die bis in unsere Tage ihre Strahlen und ihre Schatten wirft, als auch die Einweihung Jugendlicher in die Mysterien menschlicher Fortpflanzung. Diese ist durch und durch ausgeleuchtet, wir kennen jene Körperteile der Verjüngung, auf denen wir eine Haut tragen, als würden wir dreihundert Jahre alt, von innen und außen; die tollpatschigen Pratzen der Garnichts-dabei-Finder haben sie uns weidlich breitgeklopft. Nichts wird mehr aus Scham verschwiegen, verschwiegen wird eben das, was für die Erotik dieselbe Wichtigkeit besitzt wie der Widerstand für die Elektrizität: die Scham.

An einer gotischen Kirche wurde die Allegorie der Klugheit mit einem Sandstrahlgebläse gereinigt, und ein weiser Spötter bemerkte dazu, die Kunst stecke doch in der Oberfläche. Man hat mit einem Sandstrahlgebläse unsere Genitalien freigelegt, zum Vorschein kam ein harmlosigkeitsumwitterter Klumpen Verlegenheit.

Im Fernsehen sah ich Männlein und Weiblein über die Verhütung diskutieren, und ein Ordensgeistlicher sprach von Enthaltsamkeit während bestimmter Phasen des weiblichen Zyklus. Mein Entsetzen sprudelte in dem Moment, wo eine Frau bekundete, zu dieser Zeit mache es ihr gerade »am meisten Spaß«.

Nein, nein, nein! Da steht Amor mit dem Rücken zum Liebesgeschehen, wischt sich mit den Ärmchen über die blinden Augen und fächelt schluchzend mit seinen zweckentfremdeten Flügeln dem qualmenden Lustfeuerchen Sauerstoff zu.

Im Zahnarztwartezimmer las ich von einem amerikanischen Zoologenpärchen, das in der Savanne Wildtiere erforschte und ihnen Namen gab. Eine hochbetagte jägerische Majestät von Löwin mußte es sich gefallen lassen, »Daisy« genannt zu werden. Aber eine alte Löwin ist doch keine Micky-Maus-Figur, und das Aufregendste im Leben macht doch weder Spaß noch keinen Spaß, es spielt sich doch schlichtweg in anderen Dimensionen ab, sonst heißt es eines Tages noch »Sterben macht Spaß«! Ich muß mir ausbitten, den »Spaß« von den hochempfindlichen Zentralzonen meiner Leiblichkeit fernzuhalten. Spaß hat man etwa an einer Minigolfanlage; und, ganz recht, die degenerierte Aufklärung hat uns in die Landschaft unseres Körpers mit seinen Bergen, Flüssen, Tälern und Schluchten die Sexualität wie eine Minigolfanlage hineinverwaltet.

So was tut etwa das Freizeitamt einer Stadt, wenn es einem Bedürfnis in der Bevölkerung gerecht werden will.

Und schau an, die großzügig genannten Verkehrslösungen in unseren Städten sind nichts als Minigolfanlagen von gigantischer Putzigkeit, und darin spielt sich unser Verkehr ab. Sex hat ja nun mit Verkehr zu tun. Liebe nicht. Es gibt keinen Liebesverkehr.

Das Wort »Bedürfnis« stammt aus dem militärischen Sprachgebrauch. Die Truppe braucht Hafer für die Pferde, Brot für die Mannschaft und Sekt für die Offiziere, alles logistisch unter dem Wort »Bedarf« zusammengefaßt. Aber die Truppe muß doch auch! Was muß die Truppe? Sie muß. Das Wort Bedürfnis ist herausgekürzt aus dem Wort »Bedürfnisanstalt«, es ist der installierte Donnerbalken. Die ebenso herrliche wie entsetzliche Welt menschlicher Lebendigkeit in einen Katalog von Bedürfnissen zu zerlegen, damit alles abhakbar sei, ist ein logistischer Verwaltungsakt, der alles, aber auch alles, Essen, Schlafen, Lieben, Schnaufen nebst dem zu Machenden, in eine Militärlatrine zusammenpfercht, und das ist das Wort »Bedürfnis«. Ich bitte Sie, der menschliche Körper hat doch noch, bei aller Nachbarschaft, gewisse Barrieren zwischen die Öffnungen des Unterleibs gelegt und ist damit weit fortschrittlicher als die ordnungsbedürftigen Soziologenonkels, die bloß ein einziges Loch kennen wollen, wo alles reingestopft wird, um dort festgehalten zu werden, damit sich da nichts mehr rührt, sondern sich wehrlos verwalten läßt.

Bedürfnisse werden, seit ihrer Erfindung, gestillt wie Säuglinge oder, kraft eines eingebauten Selbsterfüllungsmechanis-muss-es, befriedigt, denn befriedigend sind Bedürfnisse samt ihren Befriedigungen für die, die sie erfunden haben, sonst nicht. Der Mensch wird zum Raubtier, wenn man ihm Bedürfnisse unterstellt und diese dann befriedigt, die Löwin Daisy kriegt die Tollwut. Nein nein, was da zusammengepfercht ist, muß sofort aus dem Kasernenklo befreit werden, gebadet, beruhigt und getröstet! Es stimmt ja auch nicht, das heißt, logistisch schon, aber nicht logisch.

Denn bitte: Wer Hunger hat, der soll essen, wer müde ist, soll schlafen. Und der Mann, der die »Lieb im Leib« hat? Soll sich halt einen runterholen, denn dies und nichts anderes ist die Konsequenz. Durch Streicheleinheiten.

Die Streicheleinheit, jene stets mit dem Ausdruck verspielter Selbstdistanzierung gebrauchte Humorvokabel der achtundsechziger Soziologenrationalität, läßt sich mit schöner Deutlichkeit die Strichliste eines Nachschubfeldwebels durchschimmern: soundsoviel Zuwendung in Streicheleinheiten auf dem großen Feldzug gegen den Frust, jenen häßlichen Schrumpfkopf der Schattenseiten unseres Daseins, der dann nicht herrscht, wenn der Sex herrscht, diese hypertrophe Filzlaus.

Das ist der Unterschied zwischen Sexualität und Erotik: Sexualität ist immer soundso viel wie »Zuwendung« und »Lustgewinn« eben auch. Die rationale Analyse kann nicht anders als Rationen zuteilen. Da strömt nichts, da spendet niemand jemandem etwas, und jede Weigerung ist irrational. Eine hübsche Studentin stöhnte nach den ersten warmen Frühlingstagen: »Jetzt kommen wieder diese Diskussionsnächte!«

Hugh Hefner, der Angora-Rammler, hatte »brains and balls« als Rezept für sein Nachschubmagazin ›Playboy‹, Hirn und Hoden. Er hat nicht umsonst die Hoden direkt ans Hirn gehängt, als Hirnanhangsbeutel, zu einem geilen Kopffüßler, der in seiner Modellwelt den ausgesparten Rumpf und seine Teile ins Gigantische aufbläht: Blähboy. Sex ist immer im Kopf, daher seine Kälte und Härte, ohne Schmelz, da schmilzt ja auch nichts. Er verhält sich zur Erotik wie das Militär zum Frieden und wie die Freizeit zur Freiheit, er ist jeweils das, was man gerade nicht tut. Sexualität ist (-tät!) ein Konjunktiv wie, nach Karl Kraus, die Würde. Der aufklebbare Playboy-Hase am Golf-Diesel-Heck heißt nur, daß sich der Chauffeur in permanenter theoretischer Fortpflanzungsbereitschaft befindet, sonst nichts.

Sex ist Hochrüstung für den Ernstfall der Freizeit.

Das Hirn liebt Frauen als Modelle und Modelle überhaupt; mit weniger attraktiven und willfährigen Wesen gibt es sich nicht ab. Modelle von Weltall, Modelle vom Hirn, von der Gesellschaft, Modelle vom Menschen, die denselben in etwas Emotionales und etwas Rationales, in Kopf und Bauch verhackstücken, wobei dem Bauch eine Botschaft im Kopf eingerichtet wird, eine Art bayerische Landesvertretung in Bonn, die mit allen Bauchvollmachten ausgestattet ist und von nun an leidenschaftlich mit dem Bauch verwechselt wird. Der Bauch muß danach tanzen, und zwar bauchig.

Wir haben doch die Wichtigkeit des Emotionalen erkannt und lassen bei Gott unsere Körper in Gestalt des »Körperlichen« zu ihrem Recht kommen! Gegen die feministische Parole »Mein Bauch gehört mir!« wäre nichts einzuwenden, außer daß sie die Leibeigenschaft wieder einführen will, weil sie von der Bauchbotschaft im Kopf erlassen ist. Sonst hätte es wohl radikal geheißen: »Mein Bauch bin ich!«

Ebenso wie ein Frauenkörper unter den anatomischen (übersetzt: aufschneiderischen) Blicken des Magazin-Bewunderers in seine reizauslösenden Teile zerfällt, so zerfällt die Welt in Formeln; und siehe da, formula heißt das Förmchen, wie zum Sandkuchenausbacken immer gleicher Gebilde, also Einheiten (siehe Militär). Man braucht bloß noch anatomisch geformte Sandförmchen, um das Wesentliche ohne störende Abweichungen herzustellen (siehe Uniform), wozu denn auch in der zivilen wie in der militärischen Verwaltung die Formulare bewährte Dienste tun. Zur Schwarzmarktzeit wurde der weibliche Körper vom Munde abwärts in einem eskalierenden Punktesystem vermarktet, der Frau also ein Modell übergestülpt, was mit ihr selber gar nichts zu tun hatte, obwohl es sich dabei katastrophalerweise um ihren lieben, einzigen, lebenden Körper handelte, und so geschieht es noch mit dem Körper der Natur, die neuerdings Umwelt heißt und geschont werden muß, weil sie einen so empfindlichen Weltanhangsbeutel darstellt.

Wasser ist: zwei Kügelchen von der einen und ein drittes von der anderen Sorte, also H_2O, wenn man in mikroskopische Tiefen eindringt und ein Modell für das dort Gesichtete findet. Im Winzigen stimmt's ja, und analog darf man auch den Menschen in Bedürfnisse, die Liebe in Zuwendungen und die Wut in Aggressionen zerpflücken. Aber wenn man die gefundenen Modelle mit der Welt selber verwechselt? Dann setzt eine ungeheure Schrumpfung ein, und keiner schreit. Es tut ja nicht weh, wenn man schrumpft, man spürt es gar nicht, alles scheint aufzugehen. Die originale Aufklärung hatte nicht im Sinn, die Elementargewalten zu paralysieren, sondern nur, sie durch Einsicht verständlicher und genießbarer zu machen, die Welt auszuleuchten und um ganze Dimensionen zu erweitern. Aber die wissenschaftlichen Erben dieser Bewegung haben uns die Welt mit ihren Modellwelten verfinstert und verkleinert. Wenn man Wasser in H_2O zerlegt und nicht wieder zusammensetzt, hat man das Wasser aufgerissen. Die Elemente werden zu Teilchen, die Körperteilchen zu Minigolfbällen. Immer tiefer hinein ins Intime, weit über die paralysierte Erotik hinaus bis in die Genbastelei und zum Allerintimsten, dem Atomkern, und den auch noch zerstört: Nuklearobszönität.

Was bleibt übrig, wenn man überall die Kerne bloßlegt und den Rest wegschmeißt? Vom Eros ein scharfgemachtes Plüschhäschen, das Spaß macht, und »Sex« ist ganz hinten an seiner Einsilbigkeit mit dem ersten der drei scharfen Buchstaben vom Hinterteil des Alphabets ausgerüstet, mit denen Descartes die unbekannten, aber aufzulösenden Größen seiner Rechenkunst benannt hat. Sie sind zackig, und Sex ist zivile Zackigkeit (wobei doch das Weiche und Runde dem Gegenstand viel angemessener wäre), wie sich denn auch das Militär für diese Buchstaben immer besonders begeistert hat. Eine Einrichtung, die zuerst KL hieß, folgte dem diabolischen Sog des Aufzulösenden und hieß dann nicht KX, auch nicht KY, sondern KZ. Sex ist der geknackte Schwerpunkt des Eros, das Nackige, das Knackige, der nackige Knackpunkt. Ohne Hand und Fuß, und schon gar nicht mit Flügeln, denn man hat dergleichen nicht mehr, wenn man einen Schwerpunkt freigelegt hat. Sex gibt es in Wirklichkeit gar nicht, er ist körperlos, das hängt intim mit seiner puritanischen Herkunft zusammen. Es handelt sich um einen spätplatonischen Wechselbalg, die explosivste Form der Prüderie. Die niederträchtigste Vokabel für den Vollzug dieser kapitalistisch-puritanischen Intimstrafe heißt »Bumsen«, und prompt klingt es wie die Detonation einer Bleigranate, von brisant gemachter Kernseife auf das Schlachtfeld der Liebe katapultiert, von einem Augenzwinkern entsichert.

Vor hundert Jahren, ja zu Beginn unseres Jahrhunderts, gab es noch gar keinen Sex, ausweislich des Fehlens eines entsprechenden Wortes. Es gab Liebe, Leidenschaft, Betrug, Gemeinheit, Geilheit, Dreck, Wonnen, alles; aber niemand wäre so dreist gewesen, all das, zusammen mit unserer Zärtlichkeit und Empfindlichkeit, in eine Silbe zusammen zu verwursten und dem Volk zum Fraße vorzuwerfen. Vielleicht ist es eine amerikanische Demütigung für den verlorenen Krieg, und bei einer Art erotischer Währungsreform ist allen Geschlechtsreifen eine gleiche

Ration Sex zugeteilt worden. Lenin soll gesagt haben, die Sexualität sei nicht wichtiger als das Essen. Immerhin, aber wie wichtig ist sie dann?

Wenn wir nach etwas fragen, fragen wir indessen nicht, was es ist, sondern wozu es nützt und wie es funktioniert, mit im Westen vertauschter Reihenfolge. Wozu dient Sexualität? Zum Kinderkriegen. Und wenn keine Kinder? Dann dient sie einem Bedürfnis, ach so. Noch niemand hat herausgefunden, was einen Mann an den Brüsten einer Frau eigentlich so anzieht, wir wissen es nicht, wie wir nicht einmal wissen, wie ein Gewitter zustandekommt. Aber wir wurden aufgeklärt, daß es sich dabei um Reizauslöser handelt, so haben wir doch einen Ansprechpartner für das Rätselhafte, das uns unerträglich ist.

Die Natur hat unsere Arterhaltungs-Hausaufgaben mit Lustgefühlen gezuckert, damit wir drangehen.

Und wie funktioniert es? Wir malen der Schuljugend Samenfäden und Unterleibsquerschnitte mit grünlichen Hervorhebungsfeldern in die Bücher, dann werden sie's schon schnallen, das Eigentliche kann man ja nicht lehren. Schön, aber wenn es sich um etwas handelt, das förmlich aus seinen Andeutungen besteht? Dann wird es kernseifig, weißbemäntelt, küchenlateinisch oder rüde.

Als die Normannen Sizilien erobert hatten, trugen sie noch eine ganze Weile kratzige Wikinger-Wollwämse auf der schwitzenden Haut, bis sie den Komfort leichter, luftiger arabischer Seidenmäntel erkannten. Welch ein Gefühl muß das gewesen sein! Ein Gefühl, wie wenn man Amendts »Sexfron(t)« ((t) zur Herstellung eines militanten Wortspiels) gelesen hat und dann, nun, das entsprechende Seidengewand gibt es leider nicht. Wie kann man nur so derb mit der tastenden jugendlichen Verletzlichkeit umgehen! Ein alternder Rock-Schlagzeuger könnte einen Lehrling behutsamer in die Welt einer Mozartoper einführen, als dieser Jugendfreund mit der Wahrheit umgeht, daß es nichts Aufregenderes gibt als einen fremden Körper. Zur Illustration des Standardwerkes tummeln sich am Rande personifizierte Genitalien, mit unappetitlichen Haarstacheln garniert, in wahren Harmlosigkeitsorgien, und am Ende steht, als definitive Aufklärungsweisheit, daß, wer ein Kind zu zeugen die Absicht habe, die Pille weglassen solle.

Am Beginn eines Waldlehrpfades bei Waiblingen stand, in schwarzer Brandschrift auf rustikalisiertem Birkenholz:

Der Wald liefert den wertvollen
Rohstoff Holz und dient der
Erholung

Auf die Liebe übertragen hieße dies:

Die Liebe liefert den wertvollen
Rohstoff Mensch und dient dem
Genusse

Genuß, Kind, Erholung, Holz, egal, ein Zweck muß her, damit sich der scharf gebündelte Strahl vom Ist-Zustand zum Soll-Zustand entladen kann, und das Klappmaul unserer Bedürfnisse, wenn's klappt, klappt zufrieden zu. Wenn man das Leben und seine Bereiche als Laufbahnen sieht, dann beginnt der Sex mit dem Vorspiel und endet mit dem Orgasmus, der die gleiche Rolle spielt wie die Pensionierung für die Laufbahn des Beamten.

Georges Bataille hat uns doch die Augen dafür geöffnet, daß die Sonne nicht wie eine Monster-Taschenlampe gezielt auf die Erde scheint, um ihr Licht und Energie zu spenden, sondern sich in einem gigantischen Verschwendungsakt ringsum ins All verströmt, eine Generosität, von der man sich wünschen möchte, daß unsere Auffassung von körperlicher Liebe damit verschmelzen könnte.

Das wäre ein Fest! Johann Christian Günther, immerhin ein großer deutscher Aufklärungsdichter, schrieb »An seine Schöne«:

Mich deucht, es geht auf deinem Munde
Der nächste Weg in Amors Reich.
Der Vorschmack von den reinen Lüsten
Führt mich durch Berge, Tal und Wüsten;
So denk ich oft, und irr ich gleich,
So irr ich doch mit gutem Grunde.

Aus gutem Grunde zu irren, das ist ausgesprochen Laufbahn-feindlich und führt in ungeahnte Dimensionen der Lust, wo die Liebe selber schon eine Frucht ist, die viel reichlicher abfällt, als für spätere Bäume notwendig wäre, irritierend durch Majestät und mit einem Wort zu bezeichnen, das in den Ohren der Verwalter, Verwerter und Paralytiker die letzte wahre Obszönität darstellt: heilig. Mein Gott, was wären das für Wonnen, luftige Seidenmäntel, Früchte, Musik! Und frische Blumen.

Der Kuß

Unsere inneren Organe sind keineswegs von Blut umspült, wie die verletzenden oder heilenden Eingriffe in den menschlichen Körper dem Bewußtsein nahelegen. Alles ist säuberlich in feine Häute verpackt, welche die Bereiche voneinander abtrennen. Bei Licht besehen, wären diese Häute rosenrot, aber sie leben in der Stockfinsternis des Körperinneren, immer in pulsierender Bewegung. Was unter Skalpell oder Pinzette erscheint, ist nicht die Realität. Im Vergleich zu diesen inneren Häuten ist die Außenhaut derb, mehr oder weniger behaart, dafür aber mit allen Künsten des Schutzes und der Abgrenzung begabt, vor allem mit Gefühl und Tastsinn zur Mitteilung nach innen.

Außenhin die sichtbare, fühlende und begreifbare Welt der Oberfläche, nach innenzu dagegen Häute von feiner dunkler Glätte, die ihre Empfindungen nur über Umwege zu verstehen geben können.

Würden diese beiden Welten eine historische Landschaft bilden, so hätte man es mit einem Küstenstreifen zu tun, der an einen schwer zugänglichen Urwald im Binnenland anschließt. Außen lebten weltläufige Handelsleute mit mehr oder weniger feinen Sitten, innen dagegen hochverletzliche Eingeborene, mit denen die Verständigung nur langwierig durch Boten möglich wäre. Da gründet sich ein Umschlagplatz fast von selber, wo zwischen den beiden Welten vermittelt und ausgetauscht, gedolmetscht, gefeiert, gegessen, getrunken und geliebt wird, ein Relais, wie eine solche Station auf französisch nicht nur im technischen Sinne genannt wird.

Eine einzige solche Relaisstation ist verhältnismäßig leicht zu überschauen und zu kontrollieren. Sensationen von aufrührerischer Verwirrung aber treten ein, wenn Personal und Inventar zweier Relais aufeinandertreffen, vor allem im Dunkel, weil dann niemand mehr weiß, wer und was jetzt zu wem gehört, und ob man es nun mit einer zivilisierten Küstenperson oder einem oder einer Eingeborenen zu tun hat.

Es ist vom Kuß die Rede, so ungünstig die Verbindung von Kuß und Rede auch erscheinen mag und sosehr der Kuß selber ihr zu widersprechen scheint. Das Relais ist der Mund, der beim Zusammentreffen mit seinesgleichen elektrische Energien von Spannung und Aufladung entfalten kann. Das Wort »Relais«, früher auch die Bezeichnung für eine Umspannstation von Postkutschenpferden mit Rast und Kost für Mensch und Tier, gewinnt hier als Umspannstation seinen elektrischen Sinn.

Der Kuß als solcher ist durchaus umspannend. Er verwechselt und steigert Ankunft und Aufbruch mit Durchgang und Aufenthalt zu einem rätselhaften Phänomen von akkumulierender Entladung und stillender Sehnsucht. Ob es möglich sei, einen Vorrat von Küssen anzulegen und damit ebenso zu verfahren wie das Eichhörnchen mit Nüssen, um im Winter auf einen Mundvorrat zurückgreifen zu können, davon soll an anderem Ort die Rede sein, um dort auch noch etwas davon zu haben.

An wenigstens dieser einen Stelle des Mundes ist das Innere des Menschen nach außen umgestülpt, reizvoll, reizbar, und voll mitteilsamer Empfindlichkeit, gleichzeitig ausgerüstet mit der Zartheit der inneren Häute und der Fühlkunst der Außenhaut zu wechselseitiger Steigerung. Übersetzt man das Wort »Auto« mit »Selbst« und nimmt es wörtlich, so spielt der Außenspiegel für dieses Selbst-Auto im Optischen eine ähnliche Rolle wie der Mund im Sensitiven – gleichfalls von innen verstellbar – für den menschlichen Körper. Wären Autos mit Nerven ausgerüstet, so würden zwei davon an dieser Stelle Kontakt aufnehmen, wie sie es ja etwa beim Ein- oder Ausparken gelegentlich auch wirklich versuchen.

Das Gesicht des Menschen sei ursprünglich unter der Nase genauso wie auf der Wange gewesen, eine einzige öde Fläche von Ohr zu Ohr, auf der rein gar nichts los war, bis Gott mit einem scharfen Messer einen waagrechten Schlitz zur Öffnung der Mundhöhle angebracht habe, eine Wunde, deren verheilte Schwellung der erste Mund gewesen sei, so malte es sich ein Kind aus. Möglicherweise war es inspiriert vom Anblick einer Brezel, wo ein tatsächlicher Schnitt des Bäckers in die einladendste Stelle des Teiges durch die Auswölbung beim Backen einen Mund von ansehnlicher Sinnlichkeit hervorbringt, der das weiße Innere des Gebäcks wirkungsvoll von seiner knusprigen Epidermis abhebt. Ein Sinnbild des Kusses, zum Genuß bereit, sofern man nicht zu lange abwartet, und von den ineinandergeschlagenen Armen der Brezelfigur (von denen sie ihren Namen hat; wer genau hinschaut, kann die Finger erkennen, die ungeduldig-erwartungsvoll auf dem braunen Oberarm klimpern) anschaulich unterstützt. Denn würden die Arme beim Kuß nicht eingreifen, so würde der Kuß zu einer Andeutung seiner selbst in gleichgewichtswahrender wechselseitiger Vorbeugung zusammenschnurren: der Biedermeier-Schattenriß eines kindlichen Schäferpaares, mit Veilchensträußchen hinter den Rücken versteckt, Küßchen.

»Embrasser«, diese französische Bezeichnung des Küssens heißt wörtlich »umarmen«, wobei der Kuß in der Umarmung inbegriffen ist wie das Frühstück in der Hotelunterbringung und sich eben dadurch von der Mitteilung andeutend ausspart, genauso, wie das Wort »baiser« (küssen) in der Umgangssprache die nächste und höchste Stufe der körperlichen Annäherung diskret umschreiben kann.

»Die ganze Welt ging ein durch den Mund des Knaben«, so heißt es bei der Schilderung eines Kusses im indischen Götterepos Mahabharata, zur Bezeichnung der weltumspannenden Generosität in dieser Geste, durchaus im Sinne von Universum, weniger im Sinne von Universität. »Seid umschlungen, Millionen, diesen Kuß der ganzen Welt!« – das ist in unserer Kultur genau das Umgekehrte, sonst würde es heißen: »Millionen (Menschen) der ganzen Welt, kommt her und laßt euch alle in diesen Kuß zusammenfassen!« Wo läge die Berührungsstelle der indisch-sinnlichen und der deutsch-idealistischen Auffassung von einem Kuß, damit sie mindestens an dieser Stelle auf ein und dasselbe hinausliefen?

Ein Kuß heißt so viel, weil er so viel heißen kann, er vermittelt derart umfassendes Wissen, daß er von anderen Arten der Mitteilung absolut nicht einzuholen ist. Ein

Finger, auf den Mund gelegt, bedeutet Schweigen, und noch ist niemand anderes nötig, um sich so auszudrücken. Einen Mund auf einen Mund zu legen aber, dazu genügt ein Mensch nicht mehr, das Schweigen ist definitiv. Um die Bedeutung des Vorganges zu erfassen, muß man sich trennen von allem, was das Wort Bedeutung bisher bedeutet hat. Das war: Ein Zeichen steht für etwas, von dem es selbst nicht erfaßt ist, etwas mehr oder weniger Fernes. Ein Kuß aber findet weit jenseits aller Ferne statt. Er ist ein Bote, von dem es heißt, er habe etwas von der Majestät auszurichten und der entsprechend empfangen und eingelassen wird. Dann plötzlich stellt sich der Bote selber als die Majestät heraus, wenigstens für einen Moment, was für alle Beteiligten durchaus nicht leicht zu begreifen ist.

Es ist mit dem Kuß eine Irritation der Gefühle verbunden, durch die doppelte Verschränkung des Inneren mit dem Äußeren und des Symbolischen mit dem Gemeinten, und selbst ein ausgefuchster Logiker kann noch aufs Glatteis geführt werden durch die unschuldige Frage, ob das Verspürte bei einem Kuß eigentlich die fremden oder die eigenen Lippen seien. Es ist ein Kurzschluß in dieser Frage, die mit dem Kuß selber eine unterirdische Verbindung haben muß, denn der Kuß ist der Kurzschluß des Mundes mit dem Munde selber, und zwar sowohl des eigenen mit dem eigenen als auch des fremden mit dem fremden, und dann noch beides doppelt durcheinander, nicht ohne daß das Fremde und das Eigene sich dabei auch selbständig machen und ohne den Mund auskommen könnten. Es wäre Sache eines Films, aus der Berührung zweier Münder dieselben Funken knistern zu lassen wie bei der kurzschlüssigen Berührung zweier elektrischer Pole, die bewirkt, daß der Strom nicht mehr weiß, ob er jetzt daherkommt oder dahingeht, eine Unklarheit, die dem Kuß nicht fremd ist. Auch die Aufladungen und Erhitzungen dabei sind dieselben wie bei dem häuslichen Alltagsunfall, vor dem die Sicherungen schützen.

Das Wort Strom im elektrischen Sinn ist von Wasserläufen entlehnt, den alten Energiequellen. Als dritter Sinn des Wortes kommt zu Feuer und Wasser der Luftstrom als Vertreter des pneumatischen Elements. Es handelt sich dann im technischen Sinn um ein Gebläse mit Saug- und Druckluft. Wenn man aber ein Relais zwischen die unbeseelt-technische und die lebendig beseelte Welt, die der ersten ihren sprachlichen Geist eingehaucht hat, in Anschlag bringt und einschaltet (verstaubt und halb vergessen, aber vorhanden), dann führt das an unerwarteter Stelle zum Kuß.

Die Eskimos küssen sich mit den Nasen, und zwar, wenn man der übereinstimmenden Auskunft verschiedener Nachschlagewerke glauben darf, nicht wegen der höheren Sensibilität dieses Organs, sondern wegen des Austauschs der Lebensströme im Atem und damit der Geister, die durch den Mund aus- und eingehen. Der Atem, als das, was nach dem Tode auf einmal nicht mehr da ist, ist in der natürlichen Weltsicht das Leben selber, das man sich beim Küssen einhaucht und austauscht. Vielleicht – wie wollte man dem nachgehen? – ist der Kuß als Berührung der Münder in seinem magischen Ursprung ebenso als Austausch an der Mündung der Lebensgeister empfunden worden, eine spirituelle Mund-zu-Mund-Beatmung, von der die Begeisterung zweier Körper füreinander bis heute geblieben ist, nur eben nicht mehr durch die Luft, sondern über das Gefühl.

Es gibt eine ägyptische Darstellung des Königspaares Nofretete und Echnaton, die sich auf einem Streitwagen stehend küssen. Der Sonnengott Aton schickt von oben seine Strahlen auf die Szene, wobei jeder Strahl vorne mit einem Händchen ausgerüstet ist, um seine segnende Wirkung zu entfalten. Ein solcher griffbegabter Strahl streckt das Lebenszeichen zwischen die Münder des Paares, die sich nicht oder noch nicht berühren, um ihm Platz zwischen sich zu lassen. Das ägyptische Wort für »Küssen« steht auch für »Riechen«, also die sinnliche Wahrnehmung beim Atmen, und so wird auf diese Weise das Lebenszeichen im Bild gleichsam zum Kuß selber: Ich kann dich riechen, du bist mein Leben.

Das eskimoische Kußorgan der Nase ist beim Mundkuß zwar störend im Wege, ist aber gerade als Hindernis wichtig. Denn sie macht eine wechselseitige Drehung der Köpfe notwendig und spielt damit die gleiche Rolle wie das Kreuz bei einem alten Anker. Das war eine Art Sperrstange, die auf einer Frontalansicht nur als Punkt erscheint, weil sie wie eine Nase zum Betrachter hin aus dem Bild herausragt. Sie war dazu da, das bloße Entlangschleifen des Gerätes auf dem Meeresgrund zu verhindern, um es wie einen Kopf beim Kuß zu verdrehen und den Bogen mit den Schaufeln daran so in Position zu bringen, daß sich eine von beiden in den Grund eingraben und damit den stabilisierenden Zweck erfüllen konnte, der dem ganzen Vorgang zu seiner Berechtigung verhalf. So verankern uns auch die Nasen beim Kuß, indem sie uns Sicherheit geben. Nur küssend wissen wir ganz genau, daß und wie wir den Mund halten sollen.

Nur eben, daß beim Kuß wiederum zwei Anker miteinander zu tun haben, zwei Meeresgründe aufgewühlt werden und jeder Mund beides ist. Es ist wie beim Siegeln: Der Mund ist der weiche, warme Siegellack und das Petschaft in einem. Der Wärme des Materials steht die kühle Prägung der Gravur gegenüber, und tatsächlich: Der Mundkuß als bedeutungsvoller Akt der Besiegelung und als Signal für Bündnis und Zusammengehörigkeit ist so alt, wenn nicht viel älter als unser so ganz erotisch geprägter

Begriff davon. Wo er uns heute am harmlosesten erscheint, war er früher am heiligsten; sein sexuelles Gewicht im öffentlichen Bewußtsein ist historisch gesehen nicht weiter her als das Gewicht der Sexualität im Bewußtsein der Öffentlichkeit, also nicht sehr weit. Als Requisit körperlicher Liebe hat er sich, gesellschaftlich gesehen, in unserem Kulturbereich aus der Intimität des Inneren an das Allgemeine ausgestülpt wie der Mund selber aus dem Körper, als wäre es zur Selbstwahrnehmung einer gefühllos-anonymen Öffentlichkeit durch Kontakt mit ihren inneren Bestandteilen.

Der Kußmund als Abdruck, dieses faltenreiche rote Lippengespenst aus dem Reiche der Aufklebbarkeit, wirkt aus dem Sinnlichen schon wieder zurück auf das Symbolische, wo der Kuß früher viel mehr zu Hause war als heute, um Zuneigung, Sympathie und Bevorzugung vor anderen zu bedeuten, wie sie durchaus auch einer ganzen Stadt gelten können, als wäre sie eine Person, etwa Bonn. Im Kuß, wo sich so vieles verschränkt, verschränkt sich auch ein Symbol für körperliche Liebe mit der körperlichen Liebe als einem Symbol. Symbol für »Ich lehne dich nicht ab«, was über die Welt eines Liebespaares, vom Personalstand her gesehen, weit hinausweisen kann.

Den Lebensatem zu teilen, das taten auch zwei Häuptlinge stellvertretend für ihre Völker, indem sie die Friedenspfeife rauchten. Sie wanderte von einem zum andern und war wie ein Kuß zum Anfassen und Weiterreichen, eine Besiegelung unter aufsteigendem Rauch von großer Heiligkeit und Bedeutung. Eine Zigarette zusammen zu rauchen, das kann selbst noch in unserer profanen Welt mehr bedeuten als Entspannung und Nikotingenuß. Sogar Rauchen allein, mit all der Lippenbetätigung dabei, ist unschwer als etwas Erotisches aufzufassen. Noch mehr: Auch das Rauchverbot, in einem Großraumbüro etwa, ist noch ein Hinweis auf die Luft, die wir doch alle gemeinsam atmen, wenn sich dabei auch die Bedeutung des Nichtrauchens in die frühere des Rauchens verwandelt hat.

Ein Kuß ist immer aus zweierlei zusammengesetzt, auch aus einem Symbol und einem Reiz. Aber es müßte sich um ein anderes Thema handeln, wenn nicht auch noch diese zwei an wenigstens einer Stelle verschmelzen könnten. Und tatsächlich, ein Kuß würde seine Wirkung auf Leib und Seele kaum entfalten, wäre nicht das Bewußtsein seiner Bedeutung mit ihm verbunden. Für Bildungsreisen heißt es: Man sieht nur, was man weiß! Für das Küssen: Man spürt nur, was man weiß! Das Wissen ist also das Sinnliche beim Küssen, was somit als Symbol stehen mag für die Möglichkeit sinnlichen Wissens überhaupt. Diese ist sowenig populär wie die Idee, daß sich beim Kuß eben nicht irgendein biologischer Reflex einschaltet, sondern daß sich das wechselseitige Bewußtsein steigert, körperlich fühlbar und zur Lust wird, die nicht mehr mit ihm auseinanderzudividieren ist.

Das ist schwer nachzuweisen, zu widerlegen allerdings auch nicht, allenfalls könnte der Kuß, als Lust des Bewußtseins verstanden, in den Bereich der Spekulation verwiesen werden. Aber Spekulation heißt wiederum nichts anderes als Spiegelung, und eben darum, um Spiegelung ineinander, handelt es sich bei einem Kuß.

»Ich weiß, daß du weißt, daß ich weiß, daß du weißt . . .« das verschwimmt mit »Ich spüre, daß du spürst, daß ich spüre, daß du spürst . . .« ins Unauflösliche, und es ist eben der Kuß der Ort, vielleicht der einzige, wo etwas ins Präzise verschwimmen kann. Stellt man zwei Spiegel gegenüber, oder legt sie vielmehr mit den Flächen aufeinander, damit kein störender Kopf sich zur Beobachtung dazwischenschieben kann, so entsteht der wohlbewußte Korridor aus wechselseitiger Wiedergabe, der ganz und gar der Empfindung der spielenden Lippen entspricht sowie der fulminanten Ausweitung des Bewußtseins dabei. Ein Kuß ist kein geistloser Vorgang, in seinen pneumatischen Ursprüngen schon gar nicht. Es hat aber dasselbe Mittelmeer, von dessen sinnlicher Umrandung so viele liebende Küsse überliefert sind wie sonst von nirgends, eine Art des Denkens hervorgebracht, die den Körper von allem Geistigen mit wahrer Leidenschaft auseinanderdividiert. So ist der Kuß, und mit ihm alle körperliche Sinnlichkeit, seiner geistigen Dimensionen für unser Bewußtsein beraubt. »Das Wort ward Fleisch«, diesen Kernsatz unserer Religion auf einen Kuß anzuwenden, erscheint in Folge davon als eine schlimme Blasphemie, und doch ist die Bibelstelle nirgends besser und genauer eingesetzt als überall dort, wo die Wahrheit und Wirklichkeit von Worten gleichzeitig ausgehängt und fühlbar gemacht wird durch einen lebendigen Körper.

Als Riga seinerzeit russisch wurde, soll auf dem Rathaus ein Empfang gewesen sein, wo die Honoratioren der Stadt auch den orthodoxen Geistlichen durch Kuß seines Ringes ehrten. Anders der evangelische Geistliche, der dem hohen Kollegen nur aufrecht die Hand gab. Zur Rede gestellt, bemerkte er: »Wir Lutheraner küssen nur Lebendiges, und das nur in Auswahl!«

Daß sich alle Menschen zu allen Zeiten und immer wieder so geküßt hätten wie wir, wenn sie sich liebten, das setzen wir selbstverständlich voraus, nur weil wir uns so schwer vorstellen können, darauf zu verzichten. Frühere Kulturen, sofern ihre Überbleibsel in Dichtung und Darstellung den Kuß aussparen, könnten von selbstverständlicher Diskretion angehalten gewesen sein. Sich zu küssen, galt und gilt zum Beispiel in Ostasien als so intim, daß es öffentlich völlig undenkbar wäre. Man braucht sich auch bloß zu erinnern, wie viele Liebesabenteuer der Dichter

Homer seinem Helden Odysseus nahegelegt und wie wenig er sie beschrieben hat. Da weiß man also oft nichts, was die Sitte des Küssens in der früheren Welt angeht, könnte aber von ihr ausgehen. Andrerseits spricht vieles dafür, daß unsere Art des Küssens erst in der Neuzeit ihre weltweite Verbreitung zusammen mit der europäischen Zivilisation gefunden und sich gleichsam durch Anstekkung ausgebreitet hat. Denn die Reiseschilderungen der Entdeckungszeit kennen manche exotische Geliebte, die auf das Ansinnen eines Mundkusses nur befremdet, empört oder mit belustigtem Kichern reagierte.

Wie im Großen in der Welt, ist es im Kleinen in der deutschen Sprache, wo ein ganzes Arsenal lautmalerischer Worte für den Kuß in farbigen regionalen Variationen zur Verfügung stand, die aber alle von dem einen Wort Kuß in den Schatten gestellt wurden. In jedem Fall spielt das Geräusch beim Küssen eine große Rolle für seine Bezeichnung und gibt somit einen Hinweis darauf, wie der Kuß mit einem hörbaren Signal an die Umwelt bei uns verbunden war und damit größere Diskretion überflüssig machte, bevor sein Platz und Begriff von den verschwiegeneren und weniger augenblicklichen Varianten der Sitte eingenommen wurde. Das verstärkte ›s‹ am Schluß von Kuß geht übrigens nach Auskunft eines wortgeschichtlichen Lexikons zurück auf »Intensivierungs-Gemination«, also auf Steigerung durch Verdoppelung. Und tatsächlich, ein »Kus« wäre nicht ganz das. Mit den Buchstaben passiert also dasselbe wie mit den Lippen und Mündern. Beim Kuß tritt wirklich alles zweifach auf und spiegelt sich alles in allem.

Ein Pendel, wenn es schnell genug schwingt, kann sich unsichtbar machen. Das Auge nimmt dann nichts mehr von ihm wahr als einen fächerförmigen Schatten in der Luft. Aber an den Umkehrpunkten zwischen hin und her muß es wieder erscheinen, da kann es sich noch so sehr beeilen. Das ist die zauberhafte Wirkung der Intensivierungs-Gemination, das ist die Verdopplung in gegenseitiger Aufhebung, das ist der Kuß. Jedes Kind kennt dieses Gefühl der Schmetterlinge im Bauch, wenn es auf der Schaukel sitzt und ganz oben für einen Moment zum Stillstand kommt. Da wirkt die eigentümliche Präzision des Verschwimmens, da weiß man nicht mehr, ob man jetzt daherkommt oder dahingeht, ob nicht alles schon einmal da war. Es sei an die Stelle mit dem Kurzschluß weiter oben erinnert, wobei unklar bleibt, ob es sich dabei um eine andere oder um ein und dieselbe Erscheinung handelt. Alles in allem: wie beim Kuß.

»The bow of Love« kommt oft in alten englischen Liebesgedichten vor, Amors Bogen also, und was ist damit gemeint? Nichts anderes als der obere Rand eines hübschen Mundes. Er schwingt sich in die Höhe bis zur Mitte, wo er unter der Nase einer kleinen konkaven Gegenfigur Platz macht, um auf der anderen Seite spiegelbildlich wieder abzugleiten und mit dem Mundwinkel auf der Wange zu landen. Amors Bogen lächelt, bevor er gespannt wird, ein sinnfälliges Abbild für alles, was sich anspannt, bevor es sich entlädt. »Doppelreflexbogen« heißt diese Form in der Schießtechnik, die in der Kulturentwicklung den einfachen gespannten Stab abgelöst hat und, wer weiß, vielleicht mit dem liebenden Kuß gleichzeitig aufgetaucht ist, was kein Wunder wäre. Es sind die Reflexe der beiden ineinander verquickten Kurvenbögen, die sich auf den ersten Blick aufzuheben scheinen, in Wirklichkeit aber steigern, während sie die Mühe des Anspannens in gleichem Maß verringern. In der Kunst des dialektischen Argumentierens wäre es das ins Argument schon mit einbezogene Gegenargument, was die Gegenkurve im Bogen der Rede ausmachte, als hätte der Gegner seine Waffe dorthin abgegeben. Das entfaltet eine schwer zu widerlegende Wucht, denn alles, was man dagegen sagen könnte, ist schon darin selbst enthalten. So war es auch immer das werbende Liebesbegehren, das sich Argumente suchte, die sich die Gegenvorstellungen der Umworbenen zu eigen machten.

»Es war, als hätt der Himmel / Die Erde still geküßt . . .«, so beginnt eines der bekanntesten deutschen Gedichte. Wer kennt den Rest? Der Kuß spielt die leuchtendste Rolle in der Erinnerung, die zarte Stelle zu Beginn, an der dem Ganzen das Leben eingehaucht worden ist. In Regensburg erklärte ein junger Domführer, wie die mittelalterlichen Baumeister diese farbigen Fenster geplant und gebaut hätten als Stelle der Berührung des ewigen himmlischen Lichtes mit der irdischen Materie, zur aufblühenden Leuchtkraft der zerbrechlichen Vergänglichkeit. Es ist der Kuß. Die zarten roten Häute, die wir auf den Mündern tragen, illuminieren unsere Innenräume im gleichen Sinn.

Das Abendland ist unter zweierlei Himmeln aufgewachsen: dem Elysium der heidnischen Antike, wo es Küsse förmlich regnet, und unserem christlichen Paradies, in dem die Münder preisen, frohlocken und Manna essen, aber nicht küssen. Gibt es denn gar keine Berührungsstelle zwischen diesen zwei Arten von jenseitigem Glück? Und wenn es sie gibt, muß sie dann so aussehen wie auf der klösterlichen Wandmalerei in Schwäbisch Gmünd, wo die siegreiche Maria hoch aufgerichtet den Amorknaben mit einer langen Stange aus dem Himmel davonstochert, daß er heulend kopfüber abwärts trudelt?

Noch strenger geschieden als unsere beiden Himmel sind zwei Abteilungen, deren Trennung die wahre Hauptstütze aller Verständigungen bildet: Vergangenheit und Zukunft, deren jeweils eine im Lauf der Geschichte, je nach Überzeugung, Zeitgeist und Sehnsuchtsrichtung, aber immer verfälschend, zum Himmel ausstaffiert worden ist. Der Ort liebenden und stummen Einverständnisses, den diese beiden sich geschaffen haben, indem sie die Münder aufeinanderlegten, ist die Gegenwart, die bei jeder Nachahmung so deutlich spürbar wird, beim Kuß, dem Inbegriff aller Vorgänge, die ihrer Zeit weder hinterherhinken noch ihr voraus sind. Es handelt sich um dieses geheimnisvolle Hier und Jetzt, zur Zeit als Gegenstand intensiver Nachfrage und Nachfrage nach Intensität in aller Munde. Es wird anderen Aktualitäten Platz machen müssen, wirken doch die Begriffe des Hier und Jetzt auf den Genuß der Gegenwart nicht anders als der doppelte Mundschutz im Operationssaal auf den Kuß von Pfleger und Krankenschwester.

Die Rechtzeitigkeit ist aber nicht nur der, sondern auch das entscheidende Moment beim Zusammentreffen von Vergangenheit und Zukunft in der Gegenwart. Sie ist »la belle alliance« auf dem Schlachtfeld der Vergänglichkeit, zum Sieg über die Tyrannei zeitlicher Entfremdung, die ihrem Reich alles einverleiben will.

»Er küßte sie auf ihren Mund, sie küßte ihn zur selben Stund«, so heißt es in einer naiven Ballade, und immer ist eine Mischung aus Raunen und Kichern die Reaktion des Publikums. Das Phantom der Zukunft und der tote Körper des Gewesenen, im Kuß hauchen sie sich Leben ein, und die hundertjährige Erstarrung aus dem Märchen von Dornröschen wird zunichte: Die Fliegen an der Wand summen, der Koch ohrfeigt den Lehrling, die Milch läuft über, wie wenn nichts gewesen wäre. Küsse überbrücken Jahrhunderte.

Der naive Balladendichter wollte wahrscheinlich nichts Tiefsinnigeres, als einen Reim auf »Mund« finden, und fand eben die »Stund« passend. Aber jetzt steht das Reimpaar auf einmal da, als ob es nie getrennt gewesen wäre, und keiner fragt mehr, wer eher da war. Die zwei Worte reimen sich wie eine Oberlippe auf eine Unterlippe: ähnlich, aber nicht gleich, und doch in ein und denselben Mund aufeinandergelegt zur Berührung mit anderen Zeiten und Mündern.

Die Reime flössen ihm gleich paarweise in die Feder, so schrieb ein verliebter Dichter einem Freund, um seinen Zustand zu beschreiben. Alles stellt sich da auf einmal ein, alle sind auf einmal da, und mit einem Kuß kann nachprüfen, wer will, ob er nicht auch auf einmal da ist.

Einen Ort hat sich der menschliche Geist geschaffen, an dem alle auf einmal da sind, an dem man sich also auch mit allen wiedertreffen kann, und seien sie noch so lange tot. Der Dichter Günther, dem damals die Reime paarweise in die Feder flossen und der bald dreihundertjährigen Geburtstag hat, konnte sicher sein, um als Neuankömmling im Elysium von dem Dichterfürsten Petrarca – von Goethe wußte er einfach noch nichts – mit offenen Armen empfangen zu werden. Hat er ihm etwas mitgebracht?

Eingangs war die Frage, ob man Küsse aufheben könne als stille Reserve für spätere Zeiten. Diese wird und jene werden nun angebrochen. Günther nämlich hat einen Vorrat von Küssen seiner Leonore in den Himmel mitgenommen, sofern sie nicht das waren, was ihn dorthin versetzt hat, und läßt nun Petrarcen gleichfalls einen kosten. Im Kuß heben sich ja die Zeiten auf und lassen die Umarmung früherer Dichter zu. Petrarca also wird durch diese Speise von nicht gekannter Sehnsucht entflammt und rast wie angestochen durchs Paradies, um alle anderen auch noch mit seiner Lust anzustecken.

Nach- und Hinweise

Der Geschmack. Ein Ästhetenlamento
Zuerst erschienen im Magazin für jede Art von Literatur *Der Rabe* Nr. 30, Frühling 1991

Der Humor
Zuerst erschienen im ZEIT-*Magazin* Nr. 42, 11.10.1991

Der Adel
Zuerst erschienen im ZEIT-*Magazin* Nr. 24, 7.6.1991

Alexis de Tocqueville
Erstveröffentlichung

Das neue Du
Zuerst erschienen im ZEIT-*Magazin* Nr. 27, 27.5.1988

Oblaten, aus Ferne gebacken. Zur Kulturgeschichte des Fernrohrs
Zuerst erschienen in der *Stuttgarter Zeitung*, 6.4.1985

Schamanen und Ingenieure. Zwischen Poesie und Physik
Zuerst erschienen in *Das Plateau* Nr. 9, Februar 1992. Dieser Aufsatz ist die leicht redigierte Fassung eines Vortrags, gehalten auf dem Symposium zum Gedenken des Atomphysikers Prof. Karl Bechert am 24.8.1991 in der Universität Mainz, wo auch die Lieder gesungen wurden, deren Texte hier mit abgedruckt sind.

Sex als Themaverfehlung
Zuerst erschienen als *Haffmans' Freies Flugblatt* Nr. 7, 1986

Der Kuß
Zuerst erschienen in *Das Plateau* Nr. 11, Juni 1992